Sonia Savioli

IL GIALLO DEL CORONAVIRUS

Arianna Editrice

www.ariannaeditrice.it - www.gruppomacro.com

Il CISE, Centro per l'Innovazione e lo Sviluppo Economico,
ha attribuito al Gruppo Macro, il marchio di Impresa Etica

Il Gruppo Macro mantiene e sviluppa la sua attenzione verso l'ambiente e lo fa con modalità sempre più concrete, coerenti e sostenibili. Stampiamo i nostri libri, dvd, riviste, cataloghi e depliant in Italia su carta riciclata, utilizzando inchiostri ecologici. Acquistando uno dei nostri prodotti contribuirai a sostenere il progetto della Fattoria dell'Autosufficienza (www.autosufficienza.com), un'isola autosufficiente dal punto di vista alimentare ed energetico che si pone l'obiettivo di sensibilizzare istituzioni, imprese e comunità al fine di rendere sempre più sostenibile la vita sul nostro pianeta. Grazie al suo impegno nell'ottica di un sempre minore impatto ambientale, il Gruppo Macro è riconosciuto da Greenpeace come editore Amico delle Foreste.

Sono più di trent'anni (1987) che "Noi del Gruppo Macro" siamo entusiasti di cercare e selezionare le migliori conoscenze e informazioni aggiornate su scala internazionale per la salute e il benessere dell'umanità e del pianeta. Dal 2010 pubblichiamo e diffondiamo con passione una selezione accurata di titoli di autori italiani e stranieri, per adulti e per bambini, anche in lingua francese (per l'Europa e il Canada) e spagnola (per la Spagna e il Sud America), offrendo così la massima diffusione di riflessioni, studi e ricerche a vantaggio di un pubblico internazionale sempre più ampio e affezionato.
Scopri il nostro catalogo internazionale e tutte le nostre novità in lingua italiana, francese e spagnola visitando i nostri siti:
• www.gruppomacro.com (IT) • www.macroeditions.com (FR) • www.macroediciones.com (ES)

Coordinamento editoriale	Simona Empoli
Revisione	Valerio Pignatta
Coordinamento grafico e copertina	Roberto Monti
Impaginazione	Gloria Riceputi
Stampa	Tipografia Lineagrafica, Città di Castello (PG)

I edizione agosto 2020

Collana "Un'Altra Storia"

I libri di Arianna Editrice sono prodotti da Gruppo Macro,
che ne cura la distribuzione e la commercializzazione.

ISBN 9788865880401

redazione: Viale Carducci 24, 40125 Bologna
Telefono e fax 051/8554602
redazione@ariannaeditrice.it - www.ariannaeditrice.it

distribuzione e commercializzazione:
Gruppo Macro - Via Giardino 30, 47522 Cesena (FC)
www.gruppomacro.com

La cellulosa utilizzata per la produzione della carta su cui sono stati stampati gli interni di questo libro proviene da foreste amministrate.

La cellulosa utilizzata per la produzione della carta su cui sono stati stampati gli interni di questo libro è sbiancata senza utilizzo di cloro (ECF). Questa carta è riciclabile.

Gli inchiostri utilizzati per stampare questo libro non contengono composti organici volatili, sono esenti da oli minerali e sono con base vegetale, ambientalmente compatibile.

«C'è una logica in questa follia»
WILLIAM SHAKESPEARE, *AMLETO*

«Se dall'interno dei Lager
un messaggio avesse potuto trapelare
agli uomini liberi, sarebbe stato questo:
fate di non subire nelle vostre case
ciò che a noi viene inflitto qui».
PRIMO LEVI, *SE QUESTO È UN UOMO*

PREFAZIONE

Confesso che la richiesta di scrivere una prefazione per un libro sul Coronavirus al momento impazzante non mi ha colto di sorpresa. In fondo, il tema è diventato di tutti e chiunque se ne sente in cuor suo un'autorità, dalla classica casalinga di Voghera al divoratore fedele di TV, dal politico di ogni ordine e grado al virologo di professione, giù fin ai giornalisti juke box: quelli ai quali basta una monetina per cantare la musica richiesta. Dunque, perché non io?

A questo punto è necessario decidere quale sarà l'approccio all'argomento, visto che, oggettivamente, se ne può parlare in termini strettamente scientifici, in termini medici (il che è tutt'altro che la stessa cosa), in termini politici, in termini economici, in termini sociologici, in termini psichiatrici, in termini satirici... Insomma, pochi temi come questo possono vantare altrettante sfaccettature, e forse solo la formazione della nazionale di calcio può competere per numero di esperti.

Prescindendo da convinzioni e da interessi personali e restando aderenti all'oggettività a costo di fare dispiacere a qualcuno fino a far gridare allo scandalo altri, il virus che sta sconvolgendo il pianeta Terra è nient'altro che uno dei tanti membri di una famiglia che da tempo immemorabile condivide la nostra routine. Come tanti suoi simili, anche questo è parecchio infettivo, un aggettivo che non comporta l'essere particolarmente cattivo, vale a dire patogeno, vale a dire, ancora, generatore di malattia. Anzi, a dire il vero, innumerevoli esseri umani ne sono gli inconsapevoli ospiti senza che questo turbi la loro più assoluta normalità. E le migliaia di morti, allora? Beh, quelli, molto semplicemente, non ci sono mai stati. Basterebbe dare un'occhiata ai freddi numeri ufficiali disponibili, prendendoli per buoni, per accorgersi che la mortalità a carico della popolazione italiana non è affatto aumentata con il virus. Anzi, è diminuita rispetto al 2019. E basterebbe domandarsi come mai siano precipitate le morti per malattie comuni come quelle cardiovascolari e quelle legate al cancro. La risposta è semplicissima: le varie malattie, sempre presenti come è naturale, sono state tutte censurate e sostituite dalla dizione Covid-19 sui documenti. Molte delle vittime soffrivano, inoltre, di più patologie concomitanti, spesso gravi, oltre a essere arrivati a età venerande e la positività al virus non aggiungeva di fatto nulla alla condizione. Tutti dati reperibili da fonti ufficiali ma che si preferisce ignorare.

E gli ospedali pieni? Beh, forse era difficile fare peggio. Ormai è evidente che chi ci ha rimesso la vita ha subito quella sorte spesso per un errore diagnostico e terapeutico: non di polmonite si trattava ma di tromboembolia polmonare, una condizione che va trattata in maniera totalmente diversa da come è stato fatto. La somministrazione di ossigeno che costituiva la prassi non era solo inutile ma era palesemente dannosa, tanto da "bruciare" i polmoni. In aggiunta, ricoverare in ospedale una persona che non ne ha necessità o che, comunque, può essere trattata altrimenti significa metterla in condizione di rischio, stante il fatto che, da statistica ufficiale, 135 decessi quotidiani sono dovuti a patologie infettive contratte in ospedale.

Ancora a dire il vero e forse sorprendendo più di qualcuno, questo virus non l'ha mai visto per davvero nessuno perché non è mai stato isolato. Questo a dispetto di notizie diffuse in modo martellante come insegnava il ministro della propaganda nazista Joseph Goebbels dai mezzi chiamati d'informazione. Cosicché la determinazione di positività è di fatto di significato quanto mai dubbio, un po' perché positivo non significa malato né "untore", molto perché l'affidabilità dei cosiddetti tamponi tanto usati e tanto invocati non è poi così lontana dallo zero. Detto per inciso, nessuno di quei tamponi gode di una qualunque validazione.

Come il virus sia nato è oggetto di dibattito. Potrà essere interessante considerare che diversi anni prima della sua comparsa in scena qualcuno aveva provveduto a brevettarlo: brevettarlo come si fa con un prodotto dal quale ci si propone di ricavare qualcosa. Potrà pure essere interessante considerare come qualcuno, enti pubblici tutt'altro che esclusi, avesse puntato somme di denaro certo non irrilevanti su una "pandemia" che, curiosamente, doveva avere le stesse caratteristiche di quelle proprie del fenomeno di cui si parla ora, compreso il luogo di origine: una città cinese che, per popolosissima che sia, non occupava certo le pagine dei giornali né era conosciuta dai più. Insomma, una fiche su un tavolo di roulette con milioni di caselle.

Ciò che sappiamo di esso, di questo virus, e questa è cosa ampiamente risaputa, è che la sua chimica (sì: i virus sono essenzialmente delle lunghe catene chimiche senza vita ma capaci di riprodursi in determinate condizioni) muta con enorme rapidità, esattamente come i cugini dei raffreddori e delle influenze, tanto che le varietà diverse di spezzoni di RNA finora identificati sono molte centinaia. Questo ha un significato chiarissimo per chiunque abbia nozioni di farmacologia: proporre un vaccino è quanto meno ridicolo, stante il fatto che, se mai questo conferisse una qualche immunità - sulla qual cosa non mi sentirei di scommettere un soldo, se non altro perché l'immunità non la conferisce se non per un tempo brevissimo nemmeno la malattia selvaggia e solo per la varietà specifica - il virus cambia di continuo, proprio come accade per il volgare raffreddore.

E allora? E allora è chiaro: il prodotto chiamato vaccino è un business formidabile. Come è stato per qualunque vaccino fino ad oggi, nessuno ne proverà l'efficacia, e questo, molto semplicemente, perché, per farlo, occorrerebbe un virus che non muta, una popolazione di cavie umane enorme e un tempo di sperimentazione di parecchi anni. Insomma, occorrerebbe qualcosa che stride con interessi miliardari. E gli effetti collaterali? Anche qui, si fa finta di niente. Se mai ci saranno, e sarebbe la prima volta che non ce ne sono, si farà come si è sempre fatto: si negherà l'evidenza esattamente come si faceva per la scoperta dell'amante nell'armadio nelle scenette d'avanspettacolo di un tempo. Mal che vada, se proprio sarà impossibile far finta di nulla, a pagare i danni sarà lo stato, vale a dire i cittadini, vale a dire, ancora, i danneggiati. Per ridicola fino ad essere incredibile che la cosa possa apparire, è ciò che accade da sempre per qualunque vaccino, dove il produttore è esente da qualunque responsabilità civile e penale. Insomma, una vera pacchia: si appronta un prodotto senza sperimentarlo, senza che i guai che eventualmente arreca ricadano sul produttore e, per soprammercato, con il vantaggio di non doversi neppure cercare clienti banalmente perché l'accordo con i politici è che i clienti saranno obbligati ad esserlo.

Ma i vantaggi per chi sta da una certa parte della barricata non sono soltanto quelli di ottenere guadagni enormi senza alcun problema.

L'efficace campagna di terrore che è stata messa in opera ha fatto sì che miliardi di persone siano convinte non solo che dal vaccino arriverà la salvezza, ma che sia indispensabile consegnarsi totalmente al regime che ormai si sta impossessando del pianeta. In poche parole, la maggioranza del mondo è stata convinta che soltanto rendendosi schiava potrà sfuggire alla più terribile delle morti. È così che già siamo stati informati che i vaccini conterranno traccianti dai quali sarà possibile rilevare una serie di informazioni personali di cui l'avvenuta vaccinazione è solo una. Questo andrà a corroborare i risultati dello spionaggio che da anni si sta pazientemente allestendo per assicurare al regime un controllo assoluto sulla popolazione come nemmeno la fantasia di Orwell avrebbe immaginato. Telecamere dovunque, telepass da cui si conoscono i particolari dei nostri spostamenti, carte di credito obbligatorie da cui si ricava un'immensa quantità di dati, Internet cui nulla sfugge, ora applicazioni sul telefono cellulare che rilevano ogni nostra mossa... In definitiva, ci stiamo regalando in qualità di animali da reddito a chi si autodichiara il nostro padrone facendosi beffe della legalità, della scienza e, in fondo, di noi.

Nel frattempo, a mo' di prove generali, si è arrivati a vere e proprie follie. Per non ricordarne che qualcuna, il cosiddetto *lockdown*, l'uso obbligatorio dei guanti e quello, altrettanto obbligatorio, delle mascherine.

Molto in breve, restare chiusi in casa impedisce l'esposizione alla luce solare, il che comporta l'impedimento a utilizzare la vitamina D, essenziale per le funzioni delle difese immunitarie. Ma comporta pure la mancanza di esercizio fisico, altrettanto fondamentale per conservare la salute come sappiamo da almeno venticinque secoli. In più, c'è un ovvio decadimento dell'umore con il conseguente indebolimento delle difese immunitarie, anche questo cosa nota da qualche millennio. Per dovere di obiettività, occorre sottolineare che la reclusione in casa ha avuto anche qualche effetto benefico, il primo dei quali è stato il precipitare a zero dei casi di SIDS, dove SIDS è la sigla inglese comunemente usata per indicare le morti in culla, situazioni in cui il bambino va a dormire apparentemente in ottima salute per non svegliarsi più. Dato che la cosa accade, in genere, come effetto secondario di vaccinazioni, stante il fatto che in tempo di lockdown non si vaccinava se non eccezionalmente, ecco che quell'effetto non c'è stato più.

Venendo ai guanti, per mesi questi sono stati indossati obbligatoriamente dagli addetti alle vendite dei pochi esercizi restati aperti, da impiegati degli enti pubblici, forze dell'ordine comprese, e da tantissimi cittadini. Che la cosa fosse a dir poco demenziale è un'ovvietà che chiunque abbia nozioni d'igiene conosce. La superficie del guanto non possiede nessuna delle difese che il microbiota assicura alla cute e l'indumento, soprattutto quando portato per ore con tanto di contatto con innumerevoli oggetti, diventa un eccellente veicolo d'infezione, e non certo solo per il tanto temuto Coronavirus ma per l'infinità di patogeni o potenziali tali che popolano ogni ambiente. Vero è che l'Organizzazione mondiale della sanità, forse per non fare l'ennesima figuraccia, dopo qualche tempo ha informato della cosa, ma, lasciando da parte il guaio già fatto, non sono poche le persone che continuano pervicacemente a usare i guanti, fortunatamente non più obbligatori.

Da ultima, la mascherina. Inizialmente, forse senza interpellare chi regge i fili dell'operazione, qualche funzionario dell'Organizzazione mondiale della sanità ha candidamente ammesso che le mascherine non servono a nulla se l'obiettivo è quello di evitare il contagio, semplicemente perché il virus passa con enorme facilità. Per quanto mi riguarda, io, insieme con mia moglie, la dottoressa Antonietta Gatti, ho lavorato sul tema alcuni anni fa, facendolo per il ministero della Difesa insieme al CNR, e posso confermare che le mascherine che si vedono dovunque sono perfettamente inutili. Alcune sono comiche, e mi riferisco a quelle fatte con vecchi indumenti come consigliato da un ente pubblico di cui, per pietà, taccio l'identità. Ma, purtroppo, non è solo d'inutilità che si deve parlare. Già dopo pochi minuti la carta o il tessuto sono inumiditi dal vapore prodotto dall'espirazione, e quell'umidità costituisce un terreno ideale per batteri, funghi e - perché no? - virus. Tenere quello "zoo" a contatto con naso e bocca non è proprio salutare. Come se questo non bastasse, respirare in quelle condizioni significa immettere di nuovo nell'organismo parte dell'anidride carbonica espirata, cioè il rifiuto del metabolismo cellulare. La condizione, chiamata ipercapnia, è quanto mai deleteria, e chi, portando la mascherina tutto il giorno, torna a casa con il mal di testa ne ha un semplice indizio. A questo va ad aggiungersi l'acidosi, cioè l'abbassamento del pH dell'organismo, con questo approntando un'eccellente ospitalità per tante malattie, cancro non certo escluso. A fronte di questo, le mascherine dovrebbero essere quanto meno sconsigliate e, comunque, proibite a chi usa macchine operatrici o guida veicoli, se non altro perché il cervello, impoverito di ossigeno, non è in grado di funzionare in modo del tutto corretto, con tutto quanto ne consegue in termini di sicurezza.

Del disastro economico non parlo perché non occorre avere nozioni scientifiche o tecniche per viverlo in prima persona.

Così, leggiamo questo libro e meditiamo. Ognuno sia libero di formarsi un'opinione, ma deve essere chiaro che contro le leggi della Natura noi non possiamo nulla.

Dott. Stefano Montanari

PRODROMI

I primi giorni di gennaio 2020 i mediaservi cominciano a parlare di un virus che in Cina folleggia. Un'epidemia! Mortale, naturalmente.

Le epidemie sono diventate negli ultimi decenni una delle armi politico-economiche con cui si colpiscono degli Stati o dei settori di mercato. Una sorta di terrorismo "medico" con cui, per esempio, si distruggono tutti i piccoli allevamenti familiari di animali e/o si vendono miliardi di vaccini per i polli.

Poiché però è lo stesso governo cinese a proclamare la pandemia, e sta prendendo misure carcerarie per un'intera città, Wuhan, mi domando quali siano gli scopi di questa manovra, che assomiglia alla proverbiale zappata sui piedi. Cerco su Internet. In inglese, perché l'esperienza mi dice che non troverò niente in italiano. Prima, "protests in Wuhan", e scopro che nella disgraziata città di 11 milioni di abitanti – e già questa è una catastrofe – ci sono ben cinque megainceneritori e, dato che ne volevano costruire un sesto, a luglio 2019 la gente del sobborgo destinato ad "ospitarlo" è scesa in strada per una settimana di ininterrotte proteste. Le autorità municipali hanno fatto marcia indietro, parlando di un "malinteso"[1].

Ma questa non può essere la ragione di tanto sconquasso carcerario ed economico. Perché, nel giro di poche settimane, le autorità cinesi passano dal segnalare una «strana polmonite dalle caratte-

1 Cfr. https://www.scmp.com/news/china/society/article/3017386/thousands-protest-central-china-over-waste-incineration-plant

ristiche inedite», 1 gennaio 2020, a dichiarare il 25 gennaio 2020 lo «stato di guerra»[2].

Wuhan e città satelliti, complessivamente circa 60 milioni di abitanti, sono agli arresti domiciliari: una persona per famiglia può uscire ogni tre giorni a fare la spesa. I cinesi sono robusti e parchi, anche se in genere hanno famiglie più numerose delle nostre, perché, se un italiano si dovesse caricare della spesa per quattro o cinque persone per almeno tre giorni e portarsela a casa a piedi, sopravviverebbero solo gli atleti. Ma forse in città come Wuhan gli stili di vita ormai somigliano ai nostri: i vecchi soli o in ospizio, i bambini pochi e allevati dai nonni, però in campagna, per quel che riguarda i bambini cinesi e per loro fortuna.

Non divaghiamo. Rimane ancora senza risposta la domanda: perché inventare un'epidemia, se non si tratta di punire gli abitanti di Wuhan per qualche loro particolare turbolenza? E questo non può essere, dato che l'epidemia viene strombazzata ai quattro venti, e le misure prese bloccano l'economia di una tra le province industriali più produttive della Cina. Forse Wuhan è stata scelta come teatro della messa in scena anche per le sue caratteristiche di turbolenza, ma si tratta di una mera supposizione. Le proteste per l'inquinamento in questi ultimi anni sono avvenute in molte città cinesi e le informazioni sulla Cina sono poco attendibili: pura propaganda sui giornali cinesi, in cui tutto va bene e andrà ancora meglio dopo; pura propaganda sui media occidentali, contro o a favore della Cina a seconda dei padroni a cui appartengono e di quanto i loro interessi economici sono collegati alle produzioni o ai consumi cinesi.

Alla ricerca di un motivo valido e di uno scopo recondito, cerco su Internet "economic crisis China" e una fiammella si accende nell'oscurità: «The slowdown in China is becoming quite significant» (Il rallentamento dell'economia cinese sta diventando piuttosto significativo) diceva la BBC il 26 settembre 2019. E: «How close is China to a financial crisis?» (Quanto è vicina la Cina a una crisi finanziaria?) si chiedeva «Forbes» il 26 luglio 2019. Infine «Bloomberg» nel gennaio 2019 affermava «Forget the trade war. China is already in crisis»

2 Cfr. https://www.chinadaily.com.cn/a/202001/26/WS5e2d4a4ba3101282172734fd.html

(Dimenticate la guerra dei dazi, la Cina è già in crisi). Le agenzie di rating-finanziarie globali erano in allarme.

La Cina, dunque, ha qualche problema. A metà del 2019 ha abbassato ancora i prezzi alla produzione. Il debito delle aziende cinesi è cresciuto del 60% negli ultimi otto anni[3].

Nella seconda metà del 2019 la finanza globale si preoccupava.

Se la Cina non vende, vuol dire che nel mondo non si compra. Infatti, anche l'India è in crisi; nel primo quadrimestre del 2019 è entrata ufficialmente in recessione[4].

Le nostre "manifatture" globali sono in crisi, ergo, anche l'Occidente è in crisi.

La proclamata epidemia wuhanica è sicuramente correlata alla crisi economica. Nel senso che è studiata per cercare di rimediare alla crisi del capitale globale e ai suoi effetti collaterali, compreso l'aumento delle turbolenze sociali. In che modo, però? Cosa deve provocare? Cosa deve evitare?

Gli abitanti della Cina in pochi decenni hanno subìto o attuato uno stravolgimento totale delle loro abitudini, cultura, stili di vita. Sono emigrati a centinaia di milioni dalle campagne alle città, che si sono gonfiate come cadaveri in putrefazione. Hanno visto trasformarsi i fiumi in fogne o in bacini idrici per produrre elettricità; hanno lasciato sessanta milioni di bambini affidati ai nonni nei villaggi di montagna abitati ormai solo da vecchi e ragazzini; hanno visto sparire la sanità pubblica, le scuole e i medici di villaggio, e apparire invece coltri di smog dense come fango; hanno mandato a lavorare le bambine di 13 anni per dieci ore al giorno nelle fabbriche "legali"; hanno messo a lavorare i propri figli di 6, 7, 8 anni nelle attività familiari "fai da te"

---

3 Cfr. https://chinapower.csis.org/china-face-looming-debt-crisis/ e https://www.reuters.com/article/us-china-economy-inflation/china-producer-prices-fall-for-first-ti-me-in-three-years-deflation-worries-resurface-idUSKCN1UZ0AD

4 Cfr. https://www.indiatoday.in/diu/story/indian-economy-slowdown-economic-crisis-pm-modi-investors-corporate-1590961-2019-08-23

tipo riciclaggio della plastica o recupero dei materiali di cellulari e computer, in mezzo ai liquami velenosi. Più di cento milioni di cinesi si sono ammalati di broncopneumopatia, una malattia cronica, irreversibile, mortale, provocata dall'inquinamento dell'aria. Il che rende ancora più ridicola l'idea che una dichiarata epidemia di polmonite spinga le autorità a misure talmente drastiche, carcerarie per sessanta milioni di abitanti e rovinose per l'economia[5].

Tutto questo con il miraggio di arricchirsi, comperare l'automobile, lo smartphone, il televisore a schermo piatto, la casa moderna, viaggiare all'estero, mandare i figli all'università. I sogni della competizione sociale tardo-capitalistica. Tutti quei cinesi che credevano nel socialismo, nell'uguaglianza, nella cooperazione solidale, hanno visto con sgomento, rabbia e disperazione la trasformazione del Paese in un crogiolo di competizione, sfruttamento, disuguaglianze sociali portate al limite, ostentazione di ricchezze, individualismo forsennato, distruzione dell'ambiente, capitalismo accelerato.

Che succederebbe il giorno in cui il miraggio dell'arricchimento individuale sparisse? In cui tutti i sacrifici personali e il sacrificio di un Paese si rivelassero inutili e insensati? Ma... se la crisi economica è provocata da un virus, chi ci crede continuerà a sperare. Il virus passerà, riprenderà la corsa verso la ricchezza, tutto tornerà come prima.

La vana speranza forse farà guadagnare un po' di tempo a chi ha le redini del potere. A finanzieri speculatori, grandi industriali e loro servi politici.

"Hubei, sessanta milioni ai domiciliari" intitolavano i nostri mediaservi tutti in coro. Con speculazioni arzigogolate sull'inefficienza del governo cinese e senza mettere in dubbio un'epidemia che aveva fatto «più di 1700 morti».

Come se la gente non morisse tutti i giorni, in Cina e ovunque.

5 Cfr. https://www.cnex.tw/plasticchina; https://www.youtube.com/watch?v=nBuAADHzeyU (consultato nel febbraio 2020) e https://www.sciencedaily.com/releases/2018/04/180409185331.htm

IL GIORNO PRIMA

Italia, venerdÍ 21 febbraio 2020

Siamo a febbraio e abbiamo saltato il periodo delle primule. Quest'anno niente, niente chiazze di giallo sulle scarpate, lungo i fiumi, negli angoli umidi e ombrosi dei boschi ripariali o sui pendii di querce. Troppo caldo per le primule. Si estingueranno anche loro? Non piove, le strade sono già polverose, spuntano in febbraio le violette di marzo.

Il giornale «Il Sole 24 Ore» titola in prima pagina "Italia ferma, dilaga la cassa integrazione".

Forse la crisi economica globale in arrivo salverà il pianeta. Non si parla del virus, ma di un attentato in Germania, di Matteo Renzi che vuole fare un nuovo governo con Mario Draghi (forse c'entra qualcosa con la crisi economica), di Giuseppe Conte che prepara un nuovo governo (di già?), di Conte che dialoga con la Società Autostrade, oppure che è pronto alla revoca della concessione ad Autostrade. Mah!

Niente, naturalmente, sui cambiamenti climatici e sull'inquinamento di ogni tipo, compreso quello dell'aria padana che, dato che non piove, deve essere un gas tossico.

Le Borse scendono a precipizio. Il capitale globale e le sue vibrisse sanno quel che c'è da sapere.

SI DÀ IL SEGNALE

Italia, sabato 22 febbraio 2020

Improvvisamente, di colpo, un fulmine a ciel sereno, una polveriera esplosa (anche se all'interno non c'erano munizioni), uno tsunami (senza il maremoto), una bomba atomica (senza la scissione nucleare), un omicidio (senza il cadavere): *"virus, morto, paura; Italia infetta;* primo *morto; avanza il virus; quarantena; fermi tutti; contagiati, paura,* prima *vittima; paura, paura, emergenza"* e... l'Organizzazione mondiale della sanità (OMS): «difficile fermarlo».

Tutti i media, come un sol media, intonano la marcia trionfale.

Un'orchestra affiatata, che risponde senza tentennamenti o esitazioni al movimento della bacchetta del direttore. Una partenza simultanea come quella dei centometristi alle Olimpiadi.

Foto di esseri a due gambe in scafandri bianchi, di barelle e infermieri, di strade deserte, di strade deserte con un unico passante bendato di inutile mascherina e che fissa l'obiettivo. Che stia lavorando come modello assieme al fotografo in una strada di centro città alle sei di mattina?

Il "primo morto", dicono in coro. Dunque, danno per scontato che ce ne saranno altri. Come fanno a esserne sicuri? Chi gliel'ha assicurato?

Qualcuno però lo ha assicurato anche al governo. Velocissimi, presidente del Consiglio e ministri emanano un decreto. Un decreto legge di «misure per il contenimento e la gestione dell'emergenza epidemiologica».

C'è un'emergenza epidemiologica? Un morto di 78 anni in stagione influenzale, già ammalato di "gravi patologie" e che per queste patologie si trovava in ospedale[6], e in ospedale molto probabilmente si è infettato ed è morto, come più di 49.000 italiani che per questo motivo ogni anno ci lasciano le penne[7], è un'emergenza epidemiologica?

Chi può credere una cosa simile?

Tutti i giornalisti? I giornalisti nella corrente, nel ventunesimo secolo non credono a niente; sono vasi vuoti, pronti a riempirsi di qualsiasi sostanza il padrone voglia vendere al mercato. Cosa sta cercando di vendere il padrone, con questa "epidemia"?

Parla Sergio Mattarella, presidente della Repubblica italiana, c'è un Consiglio dei ministri straordinario. «I contagiati salgono a 76». Ma che vuol dire? I contagiati possono essere milioni o miliardi nel mondo. E vanno a spasso o lavorano 15 ore al giorno, a seconda del luogo del mondo e della posizione sociale in cui si trovano. I contagiati, semplicemente, in questa opera tragicomica sono quelli che risultano positivi al virus? Cioè che ne hanno gli specifici anticorpi? Allora non si possono più infettare. Hanno superato la "malattia immaginaria".

Tutti i significati ormai vengono ogni giorno ribaltati a seconda degli scopi dei burattinai dell'umanità. È il movente che bisogna scoprire.

Intanto, ciò che si scopre è che a una donna di 77 anni, morta a casa sua, nel suo letto, per qualche malattia di cui tacciono, hanno fatto il tampone post-mortem. Siccome risultava positiva, l'avranno messa nel numero di morti uccisi dal disgraziato coronavirus[8].

Magari il giorno dopo.

Se fanno il tampone a tutti i cadaveri, sì che diventa un'epidemia. L'epidemia mortale con cui finiscono tutte le vite.

---

6 Cfr. https://tg24.sky.it/cronaca/2020/02/21/coronavirus-veneto-contagi.html e https://www.vanityfair.it/news/cronache/2020/02/22/coronavirus-la-prima-vittima-un-uomo-di-78-anni-veneto; https://www.ilgazzettino.it/pay/primopiano_pay/la_prima_vittima_venezia_morto_al_civile_un_paziente_gravemente_malato_risultato-5092387.html

7 Cfr. https://www.ansa.it/canale_saluteebenessere/notizie/sanita/2019/05/15/allarme-rosso-infezioni-ospedaliere-49-mila-morti-lanno_41a0e9c5-8f5d-4373-acda-4f46014f9dd0.html e http://www.rainews.it/dl/rainews/articoli/boom-di-infezioni-ospedaliere-in-Italia-49mila-morti-anno-9be9182b-1e30-4d24-a166-9424981a3e3e.html

8 Cfr. https://www.ilgiorno.it/cronaca/coronavirus-morta-lombardia-1.5041412

Intanto, il primo morto è ancora caldo e già si riuniscono tutti i governatori di Regione con il presidente del Consiglio. Consiglio di guerra. Guerra a chi? Non si sa, ma *el pueblo* comincia a sentirsi minacciato. Dal coronavirus, naturalmente. Per ora sono vagamente intimoriti solo i più stupidi, i più pavidi, i più influenzabili. Qualcuno si domanda cosa ci sia sotto. Il panaio del paese dice: «Per me è una manovra economica».

BLINDIAMOCI E PARTITE

Italia, domenica 23 febbraio al tempo del coronavirus.

Oggi, in Italia, sono morte 485 persone di cancro. A causa dell'inquinamento dell'aria, dei pesticidi, degli additivi chimici, dei prodotti di plastica, del cloro nell'acqua potabile, dei cosmetici e dei detersivi cancerogeni, degli insetticidi domestici cancerogeni, delle onde elettromagnetiche dei cellulari e dei ripetitori, di buona parte dei prodotti chimicosinteticibiotecnologici detti "medicinali", dei tessuti sintetici, dei cibi tossici.

Fa caldo e non piove. Durante tutto l'inverno non abbiamo mai indossato i giacconi pesanti. La mia giacca a vento di campagna è in un armadio in cantina, ancora immacolata dopo il lavaggio della primavera scorsa. Abbiamo seminato le fave e cominciato a lavorare l'orto. Il povero susino "goccia d'oro" ha già i fiori.

Dalle nove di mattina sulla strada provinciale al di là della valle corrono i motociclisti, si divertono a bruciare petrolio. La maggior parte di loro ha tra i 50 e i 70 anni, un basso livello culturale e un alto livello di competitività, più la necessità di sentirsi parte di un branco ben identificabile.

I susini rossi sono già fioriti e sfioriti, così pure i mandorli, che hanno cominciato a sbocciare a febbraio.

"Paralisi da virus; misure speciali; città chiuse; l'Italia si blinda; panico, stato d'assedio, emergenza, paura, vietato".

Questi i titoli dei giornali che fanno a gara per amplificare il "messaggio". Di chi? Foto sempre di esseri umani mascherati e scafandrati, lettighe, ambulanze. Parlano di limitare i contatti sociali, di vietare ogni attività. Concretamente, chiudono le università nel Nord Italia e vengono isolati dieci Comuni nel lodigiano e uno nel padovano. La "zona rossa". E parlano di "corridoi sterili" per far entrare viveri e farmaci. Corridoi sterili? È il cervello di chi lo dice, che è sterile. Cosa fanno, sterilizzano le strade statali e provinciali? Le mettono sottovuoto dopo averle irrorate di gas nervino?

Dalle zone rosse non si può più né entrare né uscire. Sono prigionieri: ogni morto lì sarà un morto da coronavirus?

Il numero dei cosiddetti contagiati dipenderà da quanti tamponi faranno. È un tampone quello che analizza la positività o meno delle persone al virus. Più ne fai e più ne troverai. Dunque, è meglio farli ai morti che ai vivi: se si scoprisse che un'alta percentuale di persone si è infettata e sta benone, che il 99% degli infettati sta benone, il povero virus sarebbe d'acchito scagionato. Dopo tutta la fatica che hanno fatto!

MA COS'È QUESTA CRISI

Italia, lunedì 24 febbraio al tempo del coronavirus.

Anche oggi in Italia sono morte (o moriranno entro la giornata) 485 persone di cancro. Di queste persone 17 sono giovani, hanno meno di 49 anni; tra di loro ci saranno forse adolescenti e bambini[9].

"Blocchi, chiusure, quarantena, il virus dilaga; il Nord: ostaggi; Milano chiude; coprifuoco; infetti; contagi; serrata: prigionieri del virus".

Prosegue il terrorismo mediatico e si comincia ad accusare il coronavirus della crisi economica. Ma tutti gli indizi e alcune solide prove dimostrano che anche di questa colpa esso è innocente:

«Nonostante benevole condizioni di credito e nonostante le banche abbiano rafforzato i loro bilanci dopo l'ultima crisi [...] l'Europa rimane economicamente vulnerabile dato che il debito è cresciuto [...] i debiti privati sono rimasti a un livello economicamente elevato». «La recessione globale prevista per il 2020» (1 dicembre 2018, «The World Financial Revue»).

«La prossima crisi finanziaria globale scoppierà nel 2020, mette in guardia la banca d'investimenti J.P. Morgan» (16 settembre 2018, «The World Financial Revue»[10]).

9 Cfr. http://www.salute.gov.it/imgs/C_17_notizie_3897_0_file.pdf

10 Cfr. https://www.independent.co.uk/news/business/news/next-financial-crisis-2020-recession-world-markets-jpmorgan-a8540341.html e https://www.independent.co.uk/preview-of-the-year-2019/economy-forecast-2019-brexit-trade-war-trump-china-eurozone-interest-rates-imf-oecd-a8668701.html

Nel 2018, gli analisti delle finanziarie globali avevano previsto il crack del 2020. Un'economia "allegra", fondata sul debito e sulla speculazione finanziaria, fondata su consumi illimitati e illimitato spreco, è arrivata alla fine. La globalizzazione capitalista, finalizzata al massimo sfruttamento di risorse e popoli, crea inevitabilmente sempre maggiore povertà e penuria, condizioni non proprio ideali per l'aumento dei consumi. Ma ammettere questo e renderne comprensibili le cause vorrebbe dire ammettere che il sistema è moribondo, e che solo un cambiamento radicale e completo dell'economia, della cultura, del lavoro e degli stili di vita permetterà alla società umana e al pianeta di sopravvivere in un relativo e differente benessere.

I lucidi folli che governano il mondo hanno trovato una dilazione? La colpa della crisi è del coronavirus.

"Siamo un'emergenza!" (sic! l'italiano giornalistico!); "Tutti a caccia della mascherina!".

Forse non tutti sono a caccia della mascherina, a Siena per esempio non l'indossa nessuno, ma a furia di dirlo e gridarlo e piazzare in prima pagina foto di gente mascherata, ce la faranno senz'altro a convincere *el pueblo* a mascherarsi.

«L'Organizzazione mondiale della sanità raccomanda di indossare una mascherina solo se sospetti di aver contratto il nuovo coronavirus e se si presentano sintomi come tosse e starnuti...». Ma in questo caso la voce dell'OMS è flebile. Televisioni, radio, giornali tirano e spingono: le mascherine si devono vendere, e così l'Amuchina. Bisogna lavarsi continuamente le mani, non con acqua e sapone, ma con il gel di Amuchina. Nel grande gioco ognuno cerca di fare il proprio gioco? O questa è già una parte del grande gioco?

Il gel Amuchina, miscela di cloro e di metilisotiazotinone, ha effetti tossici e mutageni, dice la sua scheda medica ufficiale[11]; provoca dermatite allergica, non deve venire a contatto con gli occhi, è pericoloso se inalato, deve essere tenuto fuori dalla portata dei bambini

11 La «Miscela di isotiazoloni (CAS 55965-84-9): ha dato esito positivo nei test di genotossicità in vitro in batteri e cellule di mammifero, sia a livello dei geni che dei cromosomi», cfr. http://www.idsdental.it/prodotti_pdf/sicurezza/amuchina/amuchinagel.pdf

e non deve finire nelle acque perché **è tossico**; se viene a contatto con gli occhi bisogna lavarli per almeno 15 minuti e chiamare il medico se l'irritazione persiste; se ingerito **non provocare il vomito, chiamare il medico e non somministrare nulla alla persona se in stato di incoscienza**[12]. Con questo gel *el pueblo* si sta sfregando le mani innumerevoli volte al giorno, sta strofinando quelle dei propri bambini che ci si sfregheranno gli occhi, il naso e le metteranno in bocca. Chissà se i morti da intossicazione da Amuchina li metteranno nel conto del coronavirus.

Comunque, dato che i 179.000 più qualcosa morti di cancro all'anno in Italia, una media di 485 al giorno, ogni giorno che Dio o chi per lui manda in terra, non sono un'emergenza, vai con il gel chimico-sintetico dell'Amuchina. Nemmeno le falde, i fiumi, i mari avvelenati sono un'emergenza per tutti questi politici che tengono così tanto alla nostra salute da imprigionarci per proteggerci da un virus. Dunque, lavatevi e disinfettatevi le mani a più non posso, ma con il gel.

Non piove. Nonostante le temperature miti da riscaldamento globale, l'erba è corta e stenta.

12 *Ibidem*

STRATEGIA DI COMUNICAZIONE

Italia, martedì 25 febbraio 2020 al tempo del coronavirus.

Il terrore corre sui media, il popolo è stato raggiunto. Al paese si parla solo di quello, «[...] per ora noi bene», «speriamo...», risatine nervose tra le donne alla cassa del negozio di alimentari, battute al bar: «Te, Checco, hai paura del virus?».

"Altri 4 morti; il virus contagia i mercati; virus, tonfo delle borse; virus, Italia divisa; allarme, non si ferma; virus, contagio; borse ko; città vuote; treni fermi; rischio isolamento; Sud senza malati".

Ma nel Sud senza malati il sindaco di Palermo vuole chiudere le scuole. Perché?

Il coro è unanime e uniforme, dal «Foglio» al «manifesto» sul coronavirus c'è una concordia che si palesa, di solito, soltanto quando c'è da abbattere un qualche scomodo governo di altri continenti, all'uopo definito "dittatura".

Ma qual è in questo caso il potere "scomodo" che ci si propone di abbattere? E perché qualche amministratore cerca di arrivare più in là, più avanti in questa gara verso provvedimenti, essi sì, da dittatura o di guerra? Che bisogno ha l'Italia di fare la guerra a un virus influenzale? Che bisogno ha, visto che la crisi economica sta esplodendo, di acuirla ulteriormente bloccando il turismo, ormai nostra fondamentale fonte di sostentamento?

Con quale faccia l'Impero e i suoi mediaservi hanno il coraggio di far credere che il "crollo delle Borse" in tutto il mondo sia da addebitare a uno delle migliaia di miliardi di virus che circolano nel pianeta e nel nostro organismo?

Certamente la crisi economica è il motore di tutto questo, ma la macchina dove è diretta?

Il governo italiano sta decidendo la "strategia di comunicazione"; un presentatore televisivo darà le informazioni "giuste", che martelleranno il cervello degli italiani con ritmo implacabile e accelerato. Bisogna che non pensino ad altro? Bisogna che non pensino?

Per prevenire un barlume di pensiero negli italici cervelli, l'ultimo pensiero logico e dubitoso prima della "chiusura delle frontiere" della logica e del dubbio, i media si affrettano a dire che da noi ci sono tanti contagi perché facciamo tanti controlli, e gli altri Paesi no. Quindi questo virus terrificante, saltato a piè pari dalla Cina all'Italia, se non lo controlli, se non sai che c'è, non provoca decessi né gravi malattie? Non più di una comune influenza, che può essere pericolosa solo per chi ha già un piede nella fossa?

Lo dice anche Maria Rita Gismondo, direttrice responsabile di Microbiologia clinica, virologia e diagnostica bioemergenze dell'Ospedale Sacco di Milano: «*A me sembra una follia. Si è scambiata un'infezione appena più seria di un'influenza per una pandemia letale*».

Poveretta, non sa quello che fa. Ci pensa un certo Roberto Burioni a rimetterla in riga: «*[...] una scemenza di dimensioni gigantesche [...] non omettere nessuno sforzo per tentare di contenere il contagio*».

Non è così facile, Maria Rita Gismondo viene martirizzata su *feisbuc*, attaccata su Internet, tutto l'esercito dei troll e dei branchi che essi muovono si mobilita contro di lei, ma la dottoressa è un osso duro, si fa più prudente ma non molla.

Burioni però è ormai il protagonista "virale", la RAI è tutta per lui. Per quale ragione? Forse perché «*è uno schietto fautore della base scientifica delle vaccinazioni*»? Frase senza senso e sintassi da cui capiamo che si è fatto propagandista delle dieci vaccinazioni obbligatorie perpetrate in Italia contro i bambini, a cominciare dai primissimi mesi di età. Questa è una buona ragione. Ma è sufficiente? «*La sua fluente chioma di capelli grigi, sopracciglia arcuate e sorriso ironico*», caratteristiche con cui si descrive con grande sprezzo del ridicolo sul proprio sito, non sembrano ragioni sufficienti. Dunque, chi è costui? Da dove proviene il potere che ne fa un consulente scientifico della televisione di Stato? E, di logica conseguenza, dello Stato? Forse dal fatto che Burioni è un inventore. Cosa ha inventato e, soprattutto cosa ha brevettato e dunque ne possiede i diritti d'autore e le conseguenti prebende? Ha "inventato" formule farmaceutiche in cui sono presenti anticorpi monoclonali, cioè molecole di sintesi prodotte in laboratorio e utilizzate in vaccini, farmaci antivirali e test diagnostici. Con i suoi compari detiene trentasette brevetti e i virus di tutti i tipi sono la sua specialità[13]. Suoi alleati, in questa guerra all'ultimo sangue contro virus e batteri e per testare qualsiasi vaccino contro qualsiasi virus o batterio, sono le multinazionali farmaceutiche.

I virus sono entità biologiche che abitano da prima di noi e assieme a noi la Terra, che si trovano in tutti gli ecosistemi e che, pur essendo l'entità biologica più abbondante in assoluto, non ci hanno impedito di vivere, prosperare e crescere fino a diventare, noi sì, una minaccia mortale per tutti gli esseri viventi e le entità biologiche che vivono sul nostro stesso pianeta, nonché la più grande minaccia per noi stessi.

Tornando a Burioni e ai suoi alleati, è evidente che un'epidemia vera o falsa ma dichiarata dall'autorità è un'occasione da non perdere. Tenuto conto del fatto che il mercato globale della sanità nel 2019 ammontava a 7700 trilioni di dollari (77.000 miliardi)[14]. Ovvero: "Piatto ricco, mi ci ficco!". E tenuto conto del fatto che *«l'Italia si conferma, anche per il 2018 il primo produttore di farmaci in Europa [...] ma bisogna risolvere il problema della governance e dei tetti di spesa»*[15].

Sicuramente un'epidemia o presunta tale risolverà il problema dei tetti di spesa. E gli "esperti" legati alle industrie farmaceutiche daranno una mano a risolverlo. Una pandemia è ancora più adatta all'uopo.

---

13 Cfr https://patents.justia.com/inventor/roberto-burioni

14 Cfr. https://www.weforum.org/platforms/shaping-the-future-of-health-and-healthcare

15 Cfr. https://www.i-com.it/2019/10/03/industria-farmaceutica-italia/

PANDEMIA INSTABILE

Italia, mercoledì 26 febbraio 2020 al tempo del coronavirus.

In Italia ci sono attualmente cinquanta reparti pediatrici oncologici. Qualche anno fa si sono inaugurati anche dei reparti oncologici neonatali.

Intanto: *"Nuove misure per contenere il virus; misure straordinarie per l'economia; rischio paralisi; ecco come fare la scuola in casa; chiudono i musei, restano aperte le frontiere; il contagio si espande; gli esperti 'non è pandemia, si guarisce'; le vittime salite a undici; gli scienziati 'basta allarmismi'"*.

Attilio Fontana, governatore della Lombardia, dice: «La Covid-19 è poco più di un'influenza»; Giulio Gallera, assessore alla Sanità e il welfare della Lombardia afferma: «Non è detto che ci sia connesione tra il coronavirus e questi decessi».

Non c'è ancora unità d'intenti, la linea non è stata spiegata a tutti. Qualcuno dovrà far capire ai rappresentanti della Lega il comportamento da tenere per non intralciare le manovre imperiali?

Si ode qualche voce discorde anche tra gli scienziati, ma la sensazione è che la corrente principale li spazzerà via.

Soffia un vento furioso di libeccio. Impossibile lavorare all'aperto. Nel pomeriggio finalmente ha cominciato a piovere; la violenza del vento faceva sì che la pioggia si spostasse orizzontalmente. In ogni modo, anche se a scrosci intermittenti, ne è caduta una quantità discreta. Abbastanza da annaffiare la terra, anche se non da arrivare in falda.

I problemi ambientali, il mostruoso inquinamento, il catastrofico cambiamento climatico non esistono più. Effetti collaterali del coronavirus o effetti previsti e calcolati?

BARUFFE IN PICCIONAIA

Italia, giovedì 27 febbraio 2020 al tempo del coronavirus.

Anche oggi 485 persone in Italia sono morte di tumore. Poi forse ci diranno che sono morte di coronavirus.

I giornali titolano: *"Basta panico, riapriamo Milano; governo d'emergenza; cambia il vento; hostess malata; il governatore in quarantena; virus in Campania; scuole chiuse; scatta il dietrofront"*.

Ieri 12 gradi, stamattina 3. Il clima in convulsioni.

Milano riapre i locali la sera, dopo averli chiusi il 23 febbraio, assieme a teatri, musei, cinema. Le convulsioni di partiti e media italiani. Ancora non c'è il "coordinamento" (leggi: uniformità di azione) tanto auspicato dal primo ministro Conte, che aveva anche minacciato di «contrarre i poteri delle Regioni». Dopo aver cancellato i poteri del Parlamento, a colpi di decreto. Il primo è arrivato il 22 febbraio, con le sue "misure speciali", ma un forte presentimento ci dice che dobbiamo aspettarcene altri; anche perché il decreto si intitolava "Io resto a casa", e manifestava dunque intenzioni minacciose.

Poi: *"Dodici vittime"... "Tre guariti su tre"*.

L'altalena oscilla, c'è un tiro alla fune. Si comincia a parlare di indennizzi, Renzi e Matteo Salvini attaccano Conte: la Lega approfitta della epi-pandemia per cercare di tornare in sella; Renzi si affianca; Salvini vuole un governo di emergenza senza Conte.

In Lombardia, Veneto ed Emilia Romagna c'è il divieto di assembramento, come durante il fascismo o nel Cile di Pinochet. Ma dare la colpa al virus serve a farci credere che è per il nostro bene.

Comincia anche la retorica italiota: "Milano che resiste". A cosa resiste? Sono andati in piazza a manifestare contro un decreto fascistoide?

No, sono andati a prendere l'aperitivo. Come si usa oggi: con tutti quei bei piattini e bicchieri di plastica più o meno biodegradabile e monouso.

La caccia al virus ha già ottenuto due obiettivi: far dimenticare l'emergenza ambientale; far credere che non ci sia un crollo dell'economia capitalista globale, se non dovuto al coronavirus.

Si parla di flessibilità di bilancio, che l'Unione europea concederebbe all'Italia per questa emergenza. Ma, se l'emergenza l'ha creata il nostro governo, con l'aiuto delle opposizioni e di tutto l'apparato mediatico, qual è l'obiettivo?

Riappare Paolo Gentiloni, ora Commissario europeo per l'Economia. Fa parte di quella Commissione europea che coabita nello stesso palazzo delle *lobbi* finanziarie globali, quella Commissione europea che nessun popolo ha votato, nessun popolo controlla, e che decide buona parte del nostro destino. «*L'andamento dell'economia italiana, che ha chiuso il 2019 con un brutto quarto trimestre [...]*», dice, e ci conferma che eravamo anche noi, come tutti, in recessione. La Commissione europea, però, è pronta a riconoscere "flessibilità" all'Italia, **e ad altri Paesi che si trovassero in una situazione simile**, ai fini delle regole di bilancio[16].

Traduzione: possiamo indebitarci più del consentito e previsto, e sanno già che altri Paesi si troveranno in una situazione simile. Come fanno a saperlo? Sono già d'accordo? Perché vogliamo indebitarci di più? A chi giova il nostro chiedere soldi in prestito?

La scusa è che, avendo l'ignaro coronavirus, con il solerte e volenteroso aiuto dei politici italiani, rovinato l'economia italiana, lo Stato italiano ha bisogno di soldi per...? Per quale economia? Per fare altre autostrade o per riparare le statali e le provinciali? Per ripagare le mafie delle perdite subite o per aiutare bar e ristoranti a convertirsi al biologico? Per aumentare i treni dei pendolari o per ampliare gli aereoporti? Per abbassare le tasse e alzare le pensioni di chi ha redditi modesti o per finanziare la grande industria multinazionale? Proviamo a indovinare.

Ma concedere a un Paese di indebitarsi, significa sempre porgli delle condizioni. Cosa ci pignoreranno? Porti? Musei? Ercolano e Pompei? *Quien sabe.*

---

16 Cfr. https://www.quotedbusiness.com/thm-4-finanza-pubblica/paese-28-ue/art-4365-l-italia-rischia-la-recessione-tecnica-bruxelles-apre-al-deficit.

APRIRE O CHIUDERE?

Italia, venerdì 28 febbraio 2020 al tempo del coronavirus.

Quando facevo la fotografa e i miei servizi fotografici riguardavano spesso i luoghi di lavoro, ne feci uno all'Istituto dei Tumori di Milano. Fotografai anche il reparto oncologico infantile che, benché fossero gli anni Ottanta del Novecento e i tumori infantili ancora rari, a Milano già c'era. Quando fotografi situazioni dolorosi non fai una piega, difficilmente ti lasci coinvolgere da ciò che vedi; ti astrai, altrimenti non potresti lavorare. Un po', immagino, come succede a un medico o anche a un veterinario nel loro lavoro. Devi preservare la tua salute mentale. Ma quelle foto le ho stampate una sola volta e poi mai più, perché dopo, in camera oscura, quando non hai più bisogno di concentrata freddezza, ti metti a piangere.

Stanotte in valle ha gelato. Per fortuna, nonostante l'inverno caldo, i nostri olivi sono ancora fermi in riposo vegetativo.

I giornali: *"Riapre il Duomo; crescono i guariti; città vuote; turisti azzerati; aziende in crisi; il virus spaventa le borse; guerra tra scienziati; più guariti; crollano le borse; un miliardo per la ricostruzione; isolato Conte, il Nord riparte;* Monti: 'la salute impone un patto tra gli Stati UE'".

Mario Monti. A volte ritornano. Negli incubi. Che patto vuole Monti? È l'intera Europa il boccone che il Leviatano vuole ingoiare? Il capitalismo globale in affanno ha bisogno dell'ossigeno di un continente ancora ricco e che impone ancora qualche regola ai padroni del mondo? E Monti, quest'uomo per tutte le stagioni del capitalismo globale (Aspen Institute, Commissione europea, Gruppo Bilderberg,

Trilateral Commission, Goldman Sachs, Bruegel, Moody's, Coca-Cola), appare come il genio della lampada, come il portavoce delle finanziarie-industrie globali e delle loro brame.

L'Italia è la testa di ponte per occupare economicamente, in maniera totale e definitiva, l'Europa e distruggere ogni regola limitante lo strapotere delle multinazionali? Gli Stati nazionali sono diventati un intralcio che non si può più aspettare di depotenziare un passo alla volta? Travolgerli o perire?

Le Borse crollano, la barca del capitalismo fa acqua; mentre i consumi si riducevano, la produzione cresceva, nella corsa globale e nella competizione parossistica. "Crescita" era la parola d'ordine; concorrenza, mercato, ridurre i costi, aumentare i profitti, speculare, scommettere, investire. Era la pandemia del consumismo e della competizione, il miraggio dell'arricchimento verso cui marciavano eserciti di disperati: indebitandosi nel mondo ricco; lavorando quindici ore al giorno, attraversando deserti e continenti nel mondo povero o "emergente". Tutti nella scia del capitalismo globale, il quale, non avendo più nemici né contrapposizione, ha potuto correre senza ostacoli né limiti di velocità verso la propria inevitabile fine.

Prima che finisca la vita, così come la conosciamo, sul pianeta? Speriamo.

Il diffamato coronavirus sta avendo almeno un merito: fermare il turismo di massa e, con esso, aerei e navi da crociera. Le frontiere si chiudono. Le navi da crociera con gli italiani vengono messe in quarantena. Tutti disdicono prenotazioni. Meno consumi, meno gas di scarico, meno combustibili fossili bruciati, meno rifiuti gettati in mare.

ASPETTANDO I MORTI

Italia, sabato 29 febbraio 2020 al tempo del coronavirus.

"La Lombardia chiede nuovi stop; si estende il contagio, affondano le borse; ecco i primi aiuti; Landini: 'virus rischio recessione'; il contagio alle porte di Roma; bomba immigrati; rischi disastro sanitario; il contagio arriva a Roma; Napoli, altri sette contagiati; virus, giorno nero per le borse; decreto aiuti".

Il terrore corre sul filo, quello che collega alla corrente televisioni e radio, e da cui giunge la pandemia virtuale. Finalmente li hanno radunati, c'è voluto un intero branco di cani ad abbaiare, ma poi la massa si è messa in marcia compatta nella giusta direzione. La transumanza dalla democrazia alla dittatura?

Non c'è più traffico sulle strade, poca gente in giro, bar e ristoranti vuoti. Si confinano da soli per paura di una malattia. Tutti loro hanno molte più probabilità di morire di infarto o di cancro, di beccarsi un Alzheimer precoce e scivolare assieme ai loro cari in un incubo mortale[17]. Ma di questo non hanno paura perché la televisione non li bombarda con le notizie vere a tale riguardo. I media hanno ormai messo gran parte dell'umanità sotto ipnosi; possono spingere le masse su strade inimmaginabili. Possono spingerle nelle bocche dei forni.

I giornali lavorano come un'affiatata équipe. Nessuno mette in dubbio la pandemia; le sfumature ci sono, ovviamente, a seconda dello schieramento da cui ricevono i soldi. Qualche ringhio l'uno contro l'altro, ma senza venir meno all'esercizio delle loro funzioni. I destri non si dimenticano di agitare lo spauracchio immigrati, i sinistri deplorano il disastro sanità.

---

17 Cfr. https://www.istat.it/it/files/2017/05/Report-cause-di-morte-2003-14.pdf

Il disastro dello strapotere delle finanziarie-multinazionali globali, che hanno fatto dei medicinali un mercato fine a se stesso e che condiziona la scienza medica e la salute dell'umanità intera, quello è tabù.

È la Lombardia adesso che non vuole più "resistere". Contrordine: il contagio aumenta, bisogna fermare tutto.

In che cosa avevano sbagliato? Perché ritornano sui propri passi?

Poiché il problema è globale, dato che stiamo indagando su una crisi economica globale, andiamo a vedere cosa dicono le due principali istituzioni del globale Impero o Nuovo Ordine Mondiale: Banca mondiale (BM) e Fondo monetario internazionale (FMI).

Ecco un indizio. Bisogna tornare indietro di qualche giorno: il 25 febbraio c'è l'annuncio dei "bond pandemici", che la Banca mondiale emetterebbe come «misure speciali contro il coronavirus», e che «aiuterebbero il Paese colpito»[18].

Li sta studiando, la Banca mondiale, perché altre volte non hanno funzionato. Le condizioni sono che l'OMS dichiari la pandemia, che ci siano almeno 250 morti nel Paese "d'origine" e almeno 20 in un altro Paese. *«A oggi non sono soddisfatti questi requisiti»*, dice «La Stampa», ma *«è lecito attendersi che i decessi, nelle persone immunodepresse o con patologie preesistenti, possano aumentare»*[19].

Così soddisferemo i requisiti. Però ci vuole ancora un po' di tempo, dato che non si può ammazzarli. Bisogna aspettare che muoiano spontaneamente, magari di vecchiaia o d'infarto ma positivi al coronavirus.

Dunque i contagi aumentano, si estendono, arrivano alle porte di Roma. Che diamine, deve fare tutto la Lombardia? Comincino a darsi da fare anche le altre regioni per ottenere l'aiuto della BM.

Ma in cosa consiste questo aiuto? In un debito, naturalmente. La BM emette i bond, chi se li compera dà i soldi agli Stati pandemizzati,

18 Cfr. https://www.lastampa.it/economia/2020/02/25/news/bond-pandemici-dopo-il-fallimento-contro-l-ebola-la-banca-mondiale-studia-misure-speciali-per-il-coronavirus-1.38515922

19 Cfr. https://www.lastampa.it/economia/2020/02/25/news/bond-pandemici-dopo-il-fallimento-contro-l-ebola-la-banca-mondiale-studia-misure-speciali-per-il-coronavirus-1.38515922

che dovranno restituirli con gli interessi o... con beni dello Stato. O con tutt'e due le cose. Questo prevedono sempre i progetti della BM. Lo Stato si indebita, i privati (quelli grossi, naturalmente, che hanno bisogno di mangiare tanto) guadagnano, i popoli si impoveriscono, le leggi diventano sempre più repressive per impedire la rivolta.

La BM ci aiuterà? Siamo destinati a fare la fine dei Paesi del cosiddetto terzo mondo? Seguiremo la Grecia nella strada che porta dentro lo stomaco delle multinazionali? *Quien sabe*.

Intanto, ci preannunciano gli aiuti che lo Stato italiano darà a quelli che stanno perdendo guadagni e salari: rinviano il pagamento di parte di tasse, mutui, bollette, che tutti dovranno comunque pagare; daranno, dicono, 500 *euri* al mese ai lavoratori autonomi che non hanno potuto lavorare. Sarà un preannuncio dell'ammontare dei salari prossimi venturi?

(Poi i 500 *euri* al mese, che – per i tre mesi del *lockdown* – sarebbero diventati dunque 1500, diventano 600 *una tantum*, cioè 900 in meno, e non tutti li avranno).

ARRIVANO I SOLDI?

Italia, domenica 1 marzo al tempo del coronavirus.

"Più contagi ma più guariti; aiuti per 3,6 miliardi; l'Europa ci dirà sì; scuole chiuse in metà del Nord, smart working in tutta Italia; deficit contro il virus; virus: l'Italia chiede più deficit; solo elemosine, governo ridicolo; Conte: vogliamo più deficit; deficit, Conte; virus a Napoli; economia ko; Liguria morte sospetta, anziana turista positiva".

Dei 400-500 casi di leucemia infantile diagnosticati **ogni anno** in Italia, 100 sono in Lombardia.

Piove finalmente su queste colline. Vento di bufera che fa piegare i cipressi, e la pioggia dura fino a sera. Si sente di nuovo il rumore del fiume nella valle.

Diciamo che gli indizi accumulati sul legame tra economia e pandemia sono sufficienti.

Aiuti a miliardi dall'Europa e più deficit. Cosa significa? Abbiamo potuto vederlo in Grecia e perché dovremmo dubitare che non funzionerà anche in Italia? I miliardi di aiuti e l'aumento del deficit si accompagnano a condizioni precise, ovviamente, e le condizioni sono risapute: taglio delle pensioni e dei salari, aumento delle tasse, privatizzazione dei beni pubblici[20].

È il nostro primo ministro, Giuseppe Conte, che chiede di aumentare il deficit: «*L'Italia ha bisogno di una grande spinta economica. Vogliamo creare una grande accelerazione degli investimenti [...]. Con un terzo*

20 Cfr. http://www.cde.unict.it/sites/default/files/files/N_%20Radicini_Grecia_Eurozona%202016_sviluppi%20del%20terzo%20piano%20di%20salvataggio.pdf

intervento ancora più complessivo e sistematico faremo ripartire l'intera economia, con un'accelerazione della spesa per investimenti e una poderosa opera di semplificazione»[21] (!).

In cosa vogliono investire poderosamente, e cosa vogliono poderosamente semplificare? Le procedure fiscali, la compilazione della denuncia dei redditi? L'emanazione e la registrazione di fatture, così che possano fare a meno della spesa di commercialisti e surrogati, e di tecnici informatici scansionatori e stampanti, il disgraziato coltivatore diretto, il negozietto di alimentari di una piccola frazione, il giovane precarissimo a partita IVA, costretti a farraginose, costose e incomprensibili pratiche telematiche fiscali, anche quando hanno un volume di affari di novemila *euri* annui? Non lo pensiamo.

Cosa sono gli investimenti su cui vogliono "accelerare la spesa"? Forse quegli investimenti sono la risposta al perché della pandemia.

Intanto la Liguria comincia a fare la sua parte. Una donna di 92 anni è morta in un albergo di Laigueglia; era una turista lombarda. È il primo decesso "correlato al virus" in Liguria. Perché è correlato al virus? La vecchia signora è morta per altre cause naturali. Come riporta la stampa: «le prima indagini sul corpo fanno pensare ad altre cause». Ma a questa donna di 92 anni, che è morta improvvisamente per altre ragioni, hanno voluto post-mortem fare il tampone per il coronavirus e, dato che risultava positivo..., ecco pronto un altro caso da sommare ai coronavirus-deceduti[22].

21 Cfr. https://www.tgcom24.mediaset.it/economia/coronavirus-conte-chiederemo-pi-deficit-per-aiutare-leconomia_15518513-202002a.shtml

22 Cfr. https://www.ilsecoloxix.it/savona/2020/03/01/news/coronavirus-morte-sospetta-in-liguria-e-un-anziana-turista-positiva-al-test-1.38536279

PIÙ NIENTE DI SACRO

Italia, lunedì 2 marzo al tempo del coronavirus.

Anche oggi pioggia dalla tarda mattinata, con vento di tempesta da sud. Chissà dove sono arrivate ora le locuste che in febbraio, a centinaia di milioni, si sono mangiate i raccolti della penisola arabica e del Corno d'Africa. Locuste a cui il cambiamento climatico, portando un'ondata di forti piogge nei deserti d'Arabia nell'ottobre 2018, ha permesso di nascere, crescere, riprodursi più volte e prosperare. Chissà cosa mangeranno quest'anno in Yemen, Kenia, Etiopia, Uganda, Tanzania. Cosa mangerà la gente dei villaggi che vivevano della propria agricoltura? Emigreranno ancora una volta e sempre di più nelle città? Chissà se aumenterà il prezzo del cibo e se ci saranno rivolte. Nessuno lo sa, nessuno ne parla, per ora il coronavirus risolve tutto: oscurare l'informazione e impedire le rivolte[23].

Intanto sproloquiano i giornali: *"La UE affronta l'emergenza; sette giorni per fermare il virus; la crisi del virus; la scuola riparte dall'e-learning; virus: l'UE apre al deficit dell'Italia; blocchi e distanza tra le persone; fate presto, non c'è più tempo; Berlusconi: 'serve un nuovo piano Marshall'; il contagio galoppa ancora; la Messa è finita, colpa del virus; scuole e stadi chiusi; distanza tra le persone".*

Si oscilla ancora, nell'attesa speranzosa che l'Unione europea "affronti l'emergenza", ci permetta di fare più debiti e metta in moto "un nuovo piano Marshall". A vantaggio di chi? Per che tipo di economia?

---

23 Cfr. https://apnews.com/c89d01fd28ab067ef9bf5ca017904768

Intanto, forse per dare una spintarella all'Unione europea, e forse anche per fare la sperimentazione di un restringimento delle libertà, si chiudono persino le chiese. Proprio nel momento in cui il buon popolo cristiano, convinto di essere di fronte a una minaccia mortale, avrebbe più bisogno del suo Dio. O no? Ma forse il popolo non è più cristiano, Dio è diventato insignificante, i media sono i nuovi sacerdoti che diffondono il Verbo. Il Verbo di chi, però? Chi è la divinità che ritiene necessario imporre una dittatura "morbida" (è per il vostro bene), e a cosa le serve?

La scuola diventa virtuale, bambini e ragazzi vengono costretti a istruirsi davanti a un computer, insegnanti idem a impartire le lezioni online. Nelle famiglie con due o tre bambini ci vogliono allora due o tre computer? Certo, la scuola è una spesa per lo Stato, i computer sono un guadagno per le multinazionali dell'elettronica digitale.

Bisognerà vedere ciò che succederà alla scuola dopo la dichiarata pandemia. Il governatore della Liguria pensava di riaprirle mercoledì, le scuole, e ora sta facendo marcia indietro[24].

Nella destra non c'è una concordia perfetta, forse per mancanza di elementi, cioè di quelle informazioni che mancano a noi tutti: qual è il fine ultimo della pandemia e quali sono i mezzi pandemici per arrivarci.

Il governo sembra invece marciare dritto per la sua strada, senza esitazioni, anche se a tappe e con gli opportuni rallentamenti e accelerazioni.

Una cosa è certa, nella crisi economica mondiale le misure attuate in Italia per la "pandemia", e le conseguenti misure internazionali come il blocco delle frontiere e dei voli aerei eccetera, acuiscono la crisi, diminuiscono i consumi. Il turismo è bloccato, le compagnie aeree non lavorano, le crociere si fermano, gli alberghi sono vuoti, tutti i trasporti ridotti.

Questa contrazione dei consumi a chi giova? È il prezzo da pagare per un maggior vantaggio futuro? E di chi?

Ci dicono addirittura di evitare i contatti tra le persone, gli abbracci, le strette di mano. Non dobbiamo più fraternizzare. Perché? Nessu-

24 Cfr. https://www.ilsecoloxix.it/genova/2020/03/02/news/coronavirus-il-governo-divide-l-italia-in-tre-in-liguria-scuole-aperte-da-mercoledi-ma-non-a-savona-1.38539785

na pandemia giustificherebbe l'eliminazione dei contatti tra persone sane, e persino i filopandemisti sono costretti ad ammettere che questo virus nella maggioranza delle persone non crea alcun problema o solo sintomi lievi, raffreddore, influenza. Che a rischio sono vecchi e malati o vecchi malati. Ma ci dicono di stare lontani l'uno dall'altro, di non avere gesti affettuosi e cordiali, di non socializzare. Perché?

È tanto inumana e vessatoria questa imposizione, che al paese stamattina ci si profondeva in abbracci e baci ridendo. Per sfida e disobbedienza civile.

ALL'ARMI

Italia, martedì 3 marzo al tempo del coronavirus.

In Italia ci sono 700.000 malati di Alzheimer, il 5% di loro ha meno di 60 anni. Il 5% di 700.000 è 35.000. L'Istituto superiore di sanità (ISS) prevede che possano triplicare nei prossimi anni. L'Alzheimer è una malattia degenerativa e mortale. Se la matematica non è un'opinione, secondo le previsioni dell'ISS nei prossimi anni si ammaleranno e moriranno per questa terribile malattia, oltre a milioni di anziani, più di centomila persone ancora giovani, ogni anno. Ci sono molti studi scientifici indipendenti che dimostrano che l'Alzheimer è strettamente collegato ai pesticidi; colpisce di più nelle zone agricole dove questi sono diffusi, colpisce maggiormente i lavoratori dell'agricoltura e, torturando un po' di poveri topolini, la "scienza" ha avuto la conferma che: esposizione ai pesticidi = Alzheimer. La sopravvivenza media dei malati va dai cinque ai dieci anni, ma è una sopravvivenza a cui molti di noi preferirebbero la morte. Tuttavia, i pesticidi non vengono proibiti da questi governi così solleciti nel difenderci da un virus. E neanche dall'OMS, altrettanto sollecita nel distribuire carrettate di vaccini nel terzo mondo[25].

Ha piovuto tutto il giorno, si sono svegliati i ruscelli, i fiumi corrono torbidi, i rifiuti lungo le strade oggi faranno un pezzo del cammino che inesorabilmente li porta al mare.

25 Cfr. http://www.ilpiacenza.it/blog/salute-e-medicina-on-line/alzheimer-day-in-italia-in-700mila-colpiti-dalla-malattia.html; https://www.vvox.it/2020/03/03/salute-fitofarmaci-e-rischio-alzheimer-studio-sui-topi/

Alla tivù impazza il virus; ministri e virologi, governatori e medici: *"Medici e scienziati in trincea; l'Europa in ritardo; emergenza emergenza emergenza"*.

Siamo in trincea, c'è il coprifuoco, la minaccia, il controllo, la guerra. Chi sta facendo la guerra a chi? Il mistero s'infittisce.

"Nuovi aiuti a lavoro e imprese; contagi, prima frenata; incubo default; virus: paura per due nuovi focolai; Roma, il giorno dei contagi; piano salva-anziani; sanità colabrodo; l'OMS: il contenimento del virus è possibile; decreto anticrisi; virus: crollo dei voli per l'Italia".

I contagi si fermano o no? No, a Roma imperversano, e gli anziani di tutta Italia devono essere salvati con un apposito piano. L'OMS è ottimista sul contenimento del virus, sicuramente essa ci dirà come dobbiamo fare. Si fermano i voli aerei e i media si accorgono che la sanità pubblica è un colabrodo. Ma non si accorgono dell'ammontare dei lauti stipendi dei primari né, tantomeno, di come prosperino la sanità privata (dove lavorano allegramente i medici della sanità pubblica) e le multinazionali farmaceutiche. Grazie anche all'OMS e alle sue pandemie.

Finora però nessuna pandemia aveva richiesto di bloccare l'accesso a interi Paesi e di imprigionare all'interno di un territorio circoscritto intere popolazioni.

A chi giova tutto ciò? Dicono che è per il nostro bene, i media sono unanimi e concordi nel proclamarlo. Anche i genitori lo ripetono sempre ai propri bambini; lo dicono sia quelli che proibiscono loro di attraversare la strada da soli che quelli che li prendono a pugni e cinghiate. Si vede che anche noi cittadini siamo ritornati bambini, e ci mettono in castigo dentro l'armadio.

IL TERRORISMO

Italia, mercoledì 4 marzo al tempo del coronavirus.

Siamo alla legge marziale. Scuole chiuse, proibite tutte le manifestazioni e i raduni, il governo ci dice che non dobbiamo abbracciarci. Esattamente come in un colpo di stato, con la differenza che non ci sono in giro i carri armati. Perché questo non è un colpo di stato ma "un'emergenza", e i provvedimenti vengono presi per salvarci.

Sono bastati quindici giorni di terrorismo mediatico per convincere la massa che un virus mortale ci sta minacciando, che siamo in pericolo di vita. E la paura, che il rullo incessante e assordante dei tamburi mediatici sta trasformando in panico, offusca la ragione.

Quanto ai fatti, ai dati, ai numeri, è difficile conoscere quelli veri, dato che si fanno i tamponi per verificare il contagio ai vecchi morti di cancro e di nefrite e, una volta stabilito che sono positivi, li si ammucchia nel conto delle "vittime del coronavirus".

Le temperature sono crollate come le Borse, si vede l'Appennino imbiancato.

"Virus, nuove regole in tutta Italia; salutarsi da lontano senza baci; terapia d'urto FED; Italia in quarantena per un mese; rinunce e limiti; un mese di stop a sport e manifestazioni; giro di vite".

Le regole sono davvero nuove. Esautorati la Camera e il Senato, abbiamo un Capo che letteralmente detta legge, consigliandosi prima con lo stato maggiore. Conte-Bonaparte fa i decreti a spron battuto (ne aveva già "emanato" uno il primo marzo), lo assistono una manciata di ministri e il capo della Protezione civile. I decreti non si discutono, il popolo deve solo obbedire, non può nemmeno "assembrarsi", non ha più voce in capitolo. La Protezione civile, questa istituzione potente e senza controllo democratico, sorta improvvisamente nel mondo globalizzato all'apice del dominio capitalista, mentre i disastri diventavano affari economici, è ormai un'autorità che nessuno mette in discussione.

Il decreto ha un titolo da slogan pubblicitario: "Io resto a casa". Ci ordinano persino di «salutarci da lontano, senza baci». Chissà se possiamo mandarci un bacino con la mano, come facevamo da bamini? Per il nostro bene, se lo facessimo in massa, deciderebbero sicuramente di proibire anche quello.

Per i trasgressori si parla di un mese di carcere attenuato; dobbiamo stare in casa e uscire solo per le «necessità prioritarie». I decreti sono insensati ma vessatori. Le necessità prioritarie le decidono "loro". Per due ragazzi innamorati incontrarsi è prioritario; per un bambino è prioritario correre, saltare, giocare con altri bambini; per i vecchi è prioritario ricevere le visite dei figli e dei nipotini; per i depressi e gli ansiosi è prioritario essere rassicurati; per chi non ha beni né risparmi è prioritario ricevere lo stipendio, e per i commercianti che devono rimborsare un mutuo è prioritario vendere e incassare; per chi ha problemi di circolazione o è sovrappeso è prioritario fare del moto... Tutte queste priorità e tante altre ancora vanno a farsi benedire.

Di chi e quali sono le priorità per cui vengono fatti questi decreti?

La Banca federale americana sembra aver deciso che la priorità è tagliare i tassi d'interesse, cioè agevolare altri debiti.

Nessuno parla più della Banca mondiale e del Fondo monetario internazionale. Sono spariti. O li stanno nascondendo? Per dire le cose proprio come stanno, non li nascondono del tutto, ma preferiscono tenerli tra le quinte. Forse perché sono talmente discreditati che sarebbe controproducente presentarli sul palco.

Bisogna andare alla pagina finanziaria di qualche giornale per scoprirli, mentre stanno caricando le pistole. La BM «*mette sul piatto un pacchetto di 12 miliardi di dollari per assistere i Paesi [...] dell'epidemia globale [...]. Includerà finanziamenti,* consulenza politica e assistenza tecnica *[...] rafforzare la sorveglianza delle malattie [...] e lavorare con il settore privato [...]*»[26].

L'assistenza della BM l'hanno già conosciuta in tanti, e prevede quella "consulenza politica" necessaria perché un governo riesca a ridurre in miseria il proprio popolo, e quella "assistenza tecnica" indispensabile per favorire i progetti delle multinazionali e privatizzare tutti i beni pubblici.

Qualcosa si chiarisce, ma ci sono ancora troppe domande senza risposta. Per consegnare un Paese, direttamente e senza più mediazioni né ritegni, nelle fauci delle multinazionali e finanziarie globali non è necessario metterlo agli arresti domiciliari. La Grecia ce lo insegna.

---

26 Cfr. https://www.repubblica.it/economia/2020/03/04/news/coronavirus_la_banca_mondiale_pronta_a_versare_12_miliardi_di_aiuti-250216817/

CGIL E CONFINDUSTRIA UNITE NELLA LOTTA

Italia, giovedì 5 marzo 2020 al tempo del coronavirus.

"Scuole chiuse fino a metà marzo; Italia a porte chiuse; cura shock anticrisi: 3000 miliardi per le infrastrutture; *scuole chiuse, no degli scienziati; l'Italia si blinda; scuole sport teatri sanno solo chiudere; scuole chiuse, lasciate a casa pure i genitori; boom di guariti ma scuole chiuse".*

Fa freddo, di notte gela; c'è vento di tramontana e sole. Anche quest'anno non avremo mandorle, chissà se ce la faranno a fruttificare i susini.

Chiudono tutti i luoghi di "assembramento": scuole, cinema, teatri, stadi. I giornali di destra sono i più critici, per ora, nei confronti di queste leggi marziali. In Parlamento però, il 26 febbraio, hanno votato contro il decreto "Misure urgenti in materia di contenimento e gestione dell'emergenza epidemiologica eccetera" solo i deputati Sara Cunial, ex cinquestelle passata al gruppo misto dopo divergenze insanabili su «regali alle agromafie da parte del governo», e Vittorio Sgarbi, di Alleanza di centro. Tutti gli altri, compatti, hanno approvato il decreto. Anche quelli che ora criticano pubblicamente le misure conseguenti.

Si può pensare che ne prevedano i risultati devastanti per il Paese e che cerchino di smarcarsi o, più semplicemente, di fingere un contrasto che non c'è nei fatti.

Con le frontiere chiuse, parte d'Italia sotto chiave, scuole teatri cinema serrati, la paura che cresce indotta da politici e media, con la proibizione di scambiarci persino una stretta di mano, i ristoranti conseguentemente vuoti, idem per alberghi agriturismi e *bienbi*, chi è che sta perdendo incassi e posti di lavoro? Secondo Confindustria e

CGIL, perfettamente in armonia, sono le "infrastrutture". Chiedono subito un «grande piano italiano ed europeo di infrastrutture». Per la costruzione di autostrade, aeroporti, porti, superstrade, ferrovie ad alta velocità e compagnia varia, cioè per le multinazionali e i loro subappalti mafiosi. «Per reagire all'arretramento della domanda privata provocato dal coronavirus». Eravamo tutti lì, noi privati, a domandare un ponte sullo stretto, il TAV in Val di Susa, altre autostrade attraverso la Lombardia (se trovano abbastanza spazio per farne ancora), aeroporti sotto casa e adesso, con la pandemia, non possiamo più "domandarli" e "la domanda è arretrata". Ci pensano loro, Vincenzo Boccia e Maurizio Landini, a farla avanzare, la domanda. Il confindustriale chiede che non ci si limiti a una «piccola flessibilità» tutta italiana (leggi: un aumento del debito nazionale) ma si miri a «un grande piano infrastrutturale europeo da 3000 miliardi» (leggi: si indebitino tutti gli Stati europei per dare soldi alle multinazionali del cemento e dell'asfalto e scempiare l'ambiente alla grande); il "sindacalista" propone addirittura una «agenzia nazionale di sviluppo per un intervento di sistema».

Sindacati e Confindustria hanno presentato al governo un documento congiunto[27]. Chi l'avrebbe detto, qualche decennio fa, che saremmo arrivati alla congiunzione tra i padroni (e quelli grossi, non quelli che lavorano nella loro fabbrica assieme ai dipendenti) e coloro che dovrebbero rappresentare i lavoratori? I quali lavoratori dei servizi e in parte del commercio, con tutto l'indotto di piccole e medie imprese, adesso sono a casa senza stipendio, e molti di loro ci resteranno perché l'azienda o teatro o ristorante per cui lavoravano non riaprirà più. Ma quel che conta sono le infrastrutture da 3000 miliardi. Salini Impregilo? Pizzarotti? Astaldi? Tutte imprese che il coronavirus non ha fermato neanche un minuto, che hanno appalti in tutto il mondo e in tutto il mondo distruggono l'ambiente costruendo opere mastodontiche che ci avvicinano sempre più al punto di non ritorno nel cambiamento climatico.

---

27 Cfr. https://www.ilsole24ore.com/art/coronavirus-boccia-subito-grande-piano-italiano-ed-europeo-infrastrutture-3mila-miliardi-AdkUCE

La pandemia diventa il pretesto per rimpinguare ancora una volta, attraverso i soldi degli Stati, le tasche delle multinazionali. I soldi devono essere "prodotti", "immessi" in spese e progetti che diano fiato solo alla grande impresa transnazionale, producendo inflazione ovviamente. E infatti non si parla più di miliardi ma di migliaia di miliardi. L'inflazione è già prevista nei progetti di "immissione di liquidità" o, come dice il confindustriale, di "flessibilità", che non deve essere piccola. Ovvero nei progetti di finanziamento da parte degli Stati.

Ancora una volta, l'economia dimostra di essere la vera causa della pandemia. Le ricchezze collettive, cioè i soldi e i beni degli Stati, devono venire rastrellati dai privati.

Le infrastrutture non riguardano certo la piccola e media impresa. Anch'esse destinate a venire mangiate? Non c'è più trippa per i gatti, se la mangeranno tutta i leoni? Il capitalismo è arrivato infine al cannibalismo? Pesce grosso mangia pesce piccolo?

Le leggi fiscali e i regolamenti sanitari di questi ultimi decenni, d'altra parte, andavano tutti in quella direzione. Mentre le holding, le società per azioni, le multinazionali godevano di agevolazioni ed escamotage fiscali sempre più spinti[28], il piccolo commercio, la piccola agricoltura, la piccola industria venivano sempre più ostacolati, vessati, tassati.

Contemporaneamente, però, le banche elargivano, anche a questi "piccoli", prestiti a tutto andare. Perché? A quanti fallimenti hanno presieduto quei prestiti? E ora si parla di un rischio di fallimento o chiusura per il 10% di tutte le imprese in Italia. Ma alcuni saranno salvati dai soldi dello Stato. Quali? Chi li sceglierà? O li ha già scelti? Forse sono stati scelti già prima che scoppiasse la pandemia?

Intanto, la scuola diventa anch'essa virtuale, o digitale se preferite. Lezioni su Internet, i bambini davanti ai computer per gran parte della giornata: «*Passare tre ore davanti al monitor incrementa del 60% i problemi alle ossa e ai muscoli [...]. L'uso prolungato del computer causa la sindrome dell'occhio secco [...] danneggia la salute psicofisica*»; «*bambini di otto anni con cefalea, dolore al collo e alle spalle [...] conseguenze sul ritmo*

28 Cfr. https://www.assoholding.it/perche-una-holding/

del sonno [...] esotropia nei bambini più grandi»; «maculopatia precoce»; «Demenza digitale, sindrome individuata nel 2008 in Corea del Sud [...] appiattimento emotivo, difficoltà di attenzione e memoria, declino della capacità di apprendimento»[29].

Questo decreto che, dicono, è per la tutela della salute pubblica, è anche l'ideale per tutelare la salute dei bambini. Certamente non finiranno sotto una macchina.

29 Cfr. https://www.centrospallanzani.it/salute-donna/cosa-succede-alla-nostra-salute-se-si-trascorrono-troppe-ore-davanti-al-pc/; https://www.sip.it/wp-content/uploads/2018/06/Bambini-in-et%C3%A0-prescolare-e-i-Media.pdf; http://www.psychiatryonline.it/node/6667

VOLEMOSE BENE

Italia, venerdì 6 marzo 2020 al tempo del coronavirus.

Ci siamo abbracciati anche stamattina, al paese, con gente che non avevamo abbracciato in trent'anni.

Nelle carceri, nelle caserme e in certi orfanotrofi dell'Ottocento si arrivava o si arriva a proibire comportamenti naturali per il gusto del dominio e della vessazione, e per mantenere il controllo dei pochi sui molti attraverso la paura, la prepotenza, la divisione e l'umiliazione. Questo governo si sta comportando come la direzione di un carcere modello. Ci dà anche le lezioni scolastiche su Internet.

"Unità e fiducia contro il virus; due imprese su tre in difficoltà; ce la faremo, appello di Mattarella; uniti supereremo l'emergenza; fiducia; UE divisa sulle mascherine; stop ai processi in zona rossa; fiducia, unità, ce la faremo".

Quindi si fermano anche i processi. Senza scuola, senza giustizia, senza vita politica, sociale, culturale, ma con fiducia e tranquillità, ci raccomandano.

Nei primi di maggio in Tanzania pesanti piogge hanno sommerso strade e distrutto ponti. La capitale, Dar Es Salaam, è isolata; sono mesi che la Tanzania è devastata da piogge torrenziali, con più di 40 morti, quasi 2000 case distrutte, 15.000 persone sfollate.

Dal 4 marzo le alluvioni in Namibia e Angola hanno costretto migliaia di persone a lasciare le loro terre, ci sono villaggi isolati, accampamenti di tende sulle colline nella zona di Okalongo per gli sfollati. Il servizio meteorologico prevedeva ulteriori forti piogge.

In Bolivia, Brasile, Honduras le alluvioni nei primi di marzo hanno ucciso decine di persone, distrutto raccolti, case, strade, fatto strage di bestiame. E, naturalmente, di animali selvatici. In Indonesia e in Vietnam alluvioni, morti, feriti, migliaia di case danneggiate.

Non c'è una parola di tutto ciò sui giornali, non una parola alla radio o alla televisione. Africa e Asia vanno sott'acqua grazie ai cambiamenti climatici, muoiono centinaia di persone di tutte le età, migliaia restano senza casa e senza mezzi di sostentamento, campi e bestiame distrutti ma... quel che importa è la pandemia da coronavirus. Il raffreddore mondiale. E su quello ci aggiorna costantemente e generosamente anche la Johns Hopkins University.

Da dove salta fuori? Dagli USA. Si tratta di un'università privata americana, pioniera dell'ingegneria genetica e particolarmente attiva negli affari. Ce lo dice un'occhiata al suo consiglio di amministrazione, cioè a quelli che decidono i piani strategici. Scegliamo i primi tre, che sono i capi in testa e più che sufficienti:

- **William E. Conway,** direttore del gruppo Carlyle, una società internazionale di investimenti che gestisce un patrimonio di 195 miliardi di dollari[30].

- **Michael D. Hankin**, presidente di Brown Advisory, società internazionale di investimenti che gestisce "solo" 47 miliardi di dollari[31].

- **Mayo A. Shattuck**, direttore esecutivo di Constellation Energy con un salario annuo di quasi 2 milioni di dollari, presidente di Exelon Corporation, la più grande compagnia energetica americana; prima era dirigente di Deutsche Bank, ora è tra i dirigenti di Capital ONE, gruppo bancario americano[32].

---

30 Cfr. https://www.carlyle.com/about-carlyle/team/william-e-conway-jr-0; https://ir.carlyle.com/static-files/bcceeb4e-4e5f-4f7e-b57e-0a382b1c72d5

31 Cfr. https://www.brownadvisory.com/michael-d-hankin; https://smartasset.com/financial-advisor/brown-advisory-review

32 Cfr. https://theorg.com/org/capital-one/team/mayo-a-shattuck-iii; https://www.forbes.com/lists/2006/12/QHRA.html

Riflessione: tutti i milioni che guadagna quando trova il tempo di goderseli?

Dunque, questi sono i dirigenti dell'università americana che ci dà i numeri sulla coronavirus-pandemia. Una volta si diceva, per trovare la causa di un fatto poco chiaro: "Cherchez la femme"; ora bisogna dire "Investigate the money".

ITALIA VIRALE

Italia, sabato 7 marzo al tempo del coronavirus.

Il tempo oggi è variabile, freddo e umido, con una pioggerellina a tratti che non penetra nel terreno. Un tempo meteorologico normale per marzo: una vera rarità. Nel clima il normale è diventato eccezionale. Come il buonsenso nella società umana.

Intanto: *"Ventimila rinforzi negli ospedali; virus, SOS ospedali, subito 5000 medici in più; verso nuove misure di emergenza; medici eroi antivirus; 49 morti e 800 contagiati; il documento segreto per decidere chi salvare; il virus continua a crescere; De Luca blinda le isole e chiude le discoteche; processi sospesi fino a giugno; il comandante eroe che ha lasciato per ultimo la Princess".*

I medici sono diventati eroi perché curano i malati; i capitani di navi perché scendono per ultimi dalla nave che, badate bene, non stava naufragando, era solo in quarantena da "pandemia" detta coronavirus. Il concetto di eroismo in Italia è decisamente in decadenza. Abituati ormai ad aver paura della propria ombra. Ma nessuno teme di morire a causa dell'inquinamento, che è invece quello che sta succedendo e che succederà a quasi tutti noi.

Per aumentare il terrore, alcuni giornali inventano che, non potendo salvare tutti i malati da presunto coronavirus, gli ospedali starebbero scegliendo di non salvare i vecchi che necessitano di terapia intensiva. Non essendoci abbastanza posti.

L'età media dei deceduti supera gli 80 anni. Che è l'età media abitualmente dei morti in Italia, benché si stia abbassando grazie al fatto che la generazione nata nei primi decenni del Novecento è in via di estinzione, e quelli nati dopo hanno la salute minata da pesticidi, additivi chimici, cloro nell'acqua potabile e tutte le medicine chimico-sintetiche che il progresso ha inventato e da cui nessuno ci protegge. Gli 800 contagiati di giornata non vogliono dire un accidenti. Mio nipote, contagiato, è a casa dal lavoro davanti alla televisione. Il che gli farà senz'altro male, ma non si può dare la colpa al virus.

Nessuno sta "scegliendo" chi mettere in terapia intensiva, le terapie intensive in tutta Italia sono in realtà sufficienti abbondantemente, ma solo la paura continuamente rinfocolata può tenere in piedi i provvedimenti insensati e senza precedenti che governo e regioni fanno a gara per incrudelire.

Il virus. Gira voce che si tratti di un virus modificato, risultato della biotecnologia di un laboratorio di ricerca Cina-USA che si troverebbe proprio a Wuhan. Povero virus, così modificato come avrà fatto a viaggiare dalla Cina all'Italia e arrivare ancora vivo e vegeto.

La voce otterrà due risultati: aumentare la paura di un virus diabolico, fatto apposta per uccidere, in chi ci crede; aumentare la fiducia nelle "informazioni ufficiali", in contrapposizione ai "complottismi", da parte di chi non ci crede.

I poveri virus, comunque, come gli zingari e gli ebrei ai tempi dei pogrom, devono risultare sempre colpevoli.

Le più grandi città dell'Asia, incluse Tokio, Giakarta, Città Ho Chi Minh, Shangai, sono le più a rischio per l'accrescersi dei livelli dei mari. Un'équipe di ricercatori sta mettendo in guardia le autorità locali e governative, dicendo che devono pianificare lo spostamento delle popolazioni. Ma corrono gli stessi rischi anche Dubai, Alessandria d'Egitto, New York. Una settimana fa Giakarta era sommersa per la seconda volta quest'anno; Bangkok il mese scorso non aveva acqua potabile perché le falde sono state invase dalle acque marine.

FUGGIAMO, MIEI PRODI

Domenica, 8 marzo al tempo del coronavirus.

Anche oggi, come ogni giorno, 485 persone moriranno di cancro. Grazie, tra gli altri, ai nitrati che vengono usati per mantenere innaturalmente rosse le carni degli animali morti che i cittadini italiani mangiano in quantità.

I media gridano altri allarmi: *"Virus, chiusa la Lombardia; mezza Italia chiusa per virus; divieti in tutta Italia; Zingaretti positivo; troppi contagi, cambiare stile di vita; oggi le nuove restrizioni; balzo dei contagi; 37 morti in un giorno; allarme ospedali; si blinda pure il papa, Angelus in streaming"*.

Soffia la tramontana, il cielo è limpido, stanotte le temperature si sono abbassate. La campagna è tornata silenziosa come lo era trent'anni fa, quando ci siamo stabiliti qui. Sul sentiero che porta a un podere qui vicino stamattina correva una faina, una piccola figura scura dall'andatura saltellante.

La tragica farsa prosegue. La Lombardia intera, più un pezzo di Emilia e di Piemonte sono "zona rossa".

Ogni governo in questo Paese ci fa rimpiangere il precedente "tiranno di Siracusa".

Continuano i decreti notturni. Sono decreti del presidente del Consiglio dei ministri. Siamo passati da una democrazia parlamentare a una monarchia assoluta senza nemmeno accorgercene. E senza che nessun partito, organizzazione politica o sociale, nessun giornale dica una parola di allarme, sconcerto o minimamente critica.

I decreti vengono emanati nella tarda serata; forse si vuole che la gente resti attaccata al televisore fino a notte inoltrata e si precipiti ad accendere radio o televisione appena in piedi la mattina. La festa della donna diventa "virtuale", si fanno gli auguri su *feisbuc* o *uozzap*, ma ci sono anche le ONG che ne approfittano per farsi pubblicità, raccattare soldi, vendere per via telematica i loro prodotti. Un'ondata di retorica che serve a imbesuire solo i più "intellettuali", perché gli altri, ormai presi dal panico, sono ottenebrati dalla pandemia e c'è solo quella nel loro orizzonte.

La faccia di Nicola Zingaretti contagiato è allegrissima. Se non ha niente, come mai si è "tamponato"? «Sto bene, ma dovrò rimanere a casa i prossimi giorni». Chissà come ci è rimasto male Salvini, che è stato battuto sul tempo. È pura pubblicità o "accreditamento"? Verso chi?

Anche la Chiesa partecipa alla pandemia; il computer ha sostituito la chiesa, la messa diventa uno spettacolo da seguire stando in poltrona. Viene annullata la vita politica, sociale, comunitaria, religiosa. Quella economica si riduce sempre più. Nell'interesse di chi? Tutto questo sta tagliando drasticamente i consumi, e non solo quelli italiani. In una situazione di inizio di crisi economica globale, questo coprifuoco non può che peggiorarla.

Cosa si vuole ottenere, dunque? È l'Italia, il prossimo boccone da divorare dopo averla rovinata? Ma c'era bisogno di una pandemia?

C'è qualcuno che sta guadagnando, però; sono le aziende dei prodotti sanitari e dei materiali plastici e sintetici. Mascherine, tute e occhiali protettivi, tutti usa e getta: «*mascherine che andrebbero cambiate ogni otto ore mentre il camice una volta al giorno*» dice il giornale «Il Sole 24 Ore». Polimeri, tessuti filtranti speciali: le fabbriche chimiche possono stare tranquille. Angelo Borrelli, capo della Protezione civile, ha già promesso l'acquisto di cinque milioni di mascherine. Chi l'ha deciso? Chi ha stanziato i soldi? Il potere è ormai fuori controllo.

SIAMO DEL GATTO

Italia, lunedì 9 marzo 2020 al tempo del coronavirus.

"Il virus avanza; l'ora è buia ma dobbiamo farcela; state a casa o fermiamo l'Italia; dilaga il contagio, fuga al Sud; porte chiuse; galera a chi viola la quarantena; in isolamento chi viene al Sud; contagio, picco di morti; la vera emergenza: pochi posti letto; infermieri e farmacisti, gli angeli delle zone rosse; OMS: responsabilizzare i ragazzi sui canali social".

La Borsa rimane aperta e crolla, piazza Affari chiuderà a meno 11,7.

Stamattina in paese ho incontrato Marzia. Non crede alla pandemia, sembra più un colpo di stato e si domanda perché lo stiano facendo. Parliamo di Banca mondiale e Fondo monetario che vogliono "aiutarci", e delle loro ricette. Quasi piange mentre dice che ai Cinque Stelle ci aveva creduto davvero, si era impegnata come non mai in vita sua, e adesso... "siamo del gatto", dissero i topi.

Ora tra il governo e l'opposizione c'è una sorta di gara a chi fa più "il duro". Le vuote minacce si sprecano, ci vogliono mandare in galera e hanno chiuso i tribunali.

Tutti gli studenti e i lavoratori (a spasso) meridionali che si trovavano in Lombardia, all'annuncio della chiusura si sono precipitati ai treni e agli autobus per tornare a casa loro. Com'era logico, prevedibile. E previsto? Sarebbe bastato dare qualche giorno di tempo per scaglionare le partenze. Cosa ci fa a Milano o a Bologna uno studente che non può studiare ma deve pagare affitto, bollette, cibo? Mentre a casa sua non spende una lira e almeno sta con la propria famiglia.

Ma così, con i decreti notturni del monarca, che esplodono come bombe cambiando la nostra vita in un battibaleno, si creano quella confusione e quegli "assembramenti" eccezionali che servono come pretesto per minacciare, obnubilare, impaurire, far perdere l'orientamento, giustificare prepotenze e insensatezze delle autorità.

L'ora è davvero buia, ma non certo per i quattro decessi del Piemonte, gli zero decessi della Val d'Aosta, Trentino Alto Adige, Friuli, Toscana, Umbria, Lazio, Abruzzo, Molise, Campania Basilicata, Calabria, Sicilia, Sardegna, o per i quattro della vecchia Liguria.

Magari per i 269 della Lombardia. Dov'è l'epidemia? Si muore nella pianura lombarda, com'è strano questo virus. Benché muoiano persone vecchie e già perlopiù gravemente ammalate, perché muoiono quasi soltanto nella bassa lombarda? È un virus selettivo? È un virus antilega? È un'epidemia lombarda con sconfinamento nella bassa emiliana, l'altra zona più colpita. I dati sono veri?

L'ora è buia, governo e governatori di regioni si esercitano a fare i dittatori. Galera per chi viola la quarantena, cioè per chi esercita i propri diritti, ha ancora rispetto di se stesso e si comporta da essere umano libero. Galera, figuriamoci. In Italia la legge "svuota carceri" ha eliminato il carcere per i reati sotto i quattro anni di pena. «In isolamento chi viene al Sud», come no? Valli a cercare!

Gli infermieri e i farmacisti delle zone rosse sono diventati angeli. Forse perché ti portano in cielo?

Ed ecco la voce dell'OMS, la voce del governo mondiale: «*Responsabilizzare i ragazzi sui canali social*». Traduzione: usare le reti sociali per terrorizzare e intontire anche i ragazzi che, si sa, essendo semianalfabeti grazie al progresso, non leggono i giornali, e in gran parte se ne infischiano anche della televisione. Per fortuna. Come raggiungerli e intimorirli, dato che, a differenza dei vecchi e come sempre, è più difficile che muoiano?

Oggi sono morte 42 persone per le alluvioni e le conseguenti frane in Brasile, 28 sono morte e 65 gravemente ferite per le alluvioni nel Nord-Ovest del Pakistan.

VIVA I TOPI E I MATTI

Italia, martedì 10 marzo 2020 al tempo del coronavirus.

"Ora è chiusa tutta l'Italia; tutti in casa; petrolio a picco; si chiude tutto; carceri, rivolte ed evasioni; la Borsa crolla, -11; tutti a casa; Conte: non c'è più tempo; fate come in Cina".

Un decreto al giorno ti toglie il popolo e la sua libertà di torno.

Il nostro governo ci fa la guerra e ci ha preso prigionieri. Se ci si sposta in auto bisogna portare la giustificazione: lavoro o salute, le uniche possibili. Lo ha decretato il Consiglio dei golpisti, pardon, dei ministri. Nessuna reazione. Le "sinistre" (Potere al popolo, USB ecc.) vogliono soldi e sicurezza sanitaria per i lavoratori dipendenti. Gli unici a cui è rimasta un po' di libertà e un reddito, ma coloro che vorrebbero difenderli non se ne accorgono. E non si accorgono nemmeno di una prova di dittatura in corso. Siamo messi bene.

Ancora una volta il decreto è stato notturno. Forse perché alla luce del sole i vampiri muoiono.

Dunque, ce ne siamo infischiati e siamo andati a visitare la Badia a Passignano: se fanno i decreti di notte, non siamo tenuti a conoscerli la mattina. Al paese vicino ci siamo fermati a prendere un cappuccino al bar sulla strada, di solito sempre affollato; questa volta vuoto. C'eravamo noi, uno dei matterelli del ricovero psichiatrico (ma chi sono i matti veri?) e tre giovani donne dall'accento meridionale sedute a chiacchiera. Atmosfera già funerea, una donna autoctona ha aspettato che noi uscissimo, prima di entrare, per paura del contagio. Sta funzionando il contagio dell'abdicazione del pensiero. In giro nessuno.

Sto rivalutando il coraggio dei topi: se ne avessero quanto gli umani occidentali del ventunesimo secolo, morirebbero di fame per paura di uscire dalla tana e venire uccisi mentre cercano il cibo. Questa gente che ha mediamente 1 o 2 morti o ammalati di cancro in famiglia, ora ha il terrore di un virus. Un terrore indotto e mediatico, a conferma di come i cervelli siano ormai teleguidati.

In una società ridotta a mononuclei, senza più comunità né cultura, senza tradizioni, memoria, legami con la terra e gli altri esseri viventi, è facile condizionare idee, sentimenti, comportamenti. Le divinità, la famiglia, i maestri e gli amici sono sostituiti da quello schermo televisivo; radio e giornali ne confermano l'autorità ripetendo a manetta le stesse parole.

La Badia a Passignano, circondata dai vecchi cipressi, mastodontica ma elegante, silenziosa non per l'assenza o per la paura ma per la meditazione e la preghiera, ci ha riconciliati con la realtà. Dopotutto, è stata anch'essa uno strumento di potere, sfruttamento e vessazione, ma alla sua nascita era, e lo è adesso alla sua morte, un luogo di pace, comunità, incontro con l'eterno e con il sublime.

Hanno proibito ai parenti dei detenuti di incontrare i loro cari in carcere. Un sindacato delle guardie carcerarie ha dichiarato che le rivolte erano prevedibili e ineluttabili, che la misura presa non poteva non provocarle, che chiunque conoscesse la situazione delle carceri l'avrebbe previsto. Forse l'avevano previsto. Forse non gliene importa niente. Stanno giocando con le nostre vite. Ci sono 12 morti da rivolta, non sapremo mai come né perché.

Il re Giuseppe dice che non c'è più tempo. Per cosa? Ci invita a fare come in Cina. Cioè, come? La rivoluzione socialista? Per lui e i suoi mandanti non sarebbe salutare. La rivoluzione culturale? Quando quelli come lui, ma solo se innocenti da ogni colpa, venivano messi a mungere le capre? Non credo. Gli piace la Cina turbocapitalista, che però ha ingabbiato, sì, 60 milioni di persone, ma erano meno di un ventesimo della sua popolazione. Gli altri hanno continuato a lavorare. Qui, uno degli scopi evidenti, ormai, è quello di rovinare l'economia italiana. Perché? Per permettere alle multinazionali di sbafarsela? Come è stato per tutto il terzo mondo, per l'Europa dell'Est, per la Grecia? Hanno finito i viveri e li spinge la fame? Lo Stato deve indebitarsi a un punto tale da farsi "pignorare" i beni pubblici dalle multinazionali? Quel poco che ancora ci resta di pubblico, ma forse potremmo dargli anche i litorali ed eliminare tutti i vincoli ambientali, perché facciano di noi quello che vogliono. Chissà.

Proprio oggi (non) giunge la notizia che l'annuale "Valutazione ONU sul clima globale" del 2019 è estremamente allarmante. Il Segretario generale dell'ONU è costretto a dire che *«il mondo è fuori strada nel trattare l'emergenza climatica [...] il tempo sta velocemente scadendo»*. Crescono i morti, la fame, gli sfollati dei disastri climatici. Gli scienziati dell'Organizzazione meteorologica mondiale dicono che la minaccia è di gran lunga più grave di quella del coronavirus, e che i governi non devono distrarsi dall'azione per il clima.

Gli scienziati della meteorologia non servono al "mercato", non possono venire utilizzati per portare avanti gli interessi delle multinazionali-finanziarie mondiali, dunque sono sinceri e indipendenti. E, perlopiù, ingenui e inoffensivi. Le loro parole non giungono ai popoli rincitrulliti dai mediaservi; quanto ai governi, che i suddetti ingenui scienziati credono dotati del potere di decidere autonomamente le politiche del loro Paese, sono solo i pupazzi del ventriloquo capitale globale.

I PRIMI INDIZI

Italia, mercoledì 11 marzo al tempo del coronavirus.

"La Lombardia: più chiusure; non basta ancora; blocco totale; tasse e mutui sospesi; fuori le mascherine; da oggi sul 'Fatto' i racconti di chi resta a casa; Fontana: chiudere tutto; l'Austria chiude il Brennero; aerei a terra; il governo vara deficit di 13 miliardi".

Stamattina dovevamo andare a Poggibonsi per comperare l'argilla e le soluzioni idroalcoliche fitoterapiche con cui ci curiamo e curiamo gli animali, ma prima ci siamo dovuti fermare al paese vicino per stampare dall'ottico le "giustificazioni", che il nostro governo ci impone di fornire a un eventuale controllo. E per fortuna c'è l'ottico, che è in grado di stampare da computer. Al paese nostro non c'è nessun negozio che può farlo. Ma, naturalmente, a coloro che ti impongono di non uscire di casa e, se esci, di portarti la "giustificazione" non importa un fico secco se devi fare quindici chilometri per stamparla. Gli importa piuttosto di indurti a comprare una stampante digitale. L'ottico non ci crede, alla pandemia, ma, dato che non crede neanche all'utilità e all'innocuità dei vaccini biosintetici, non fa testo.

Nel pomeriggio, mentre lavoravamo a preparare l'orto, ho dovuto togliermi anche il golfino perché fa troppo caldo. C'è un'escursione termica esagerata tra il giorno e la notte, tra l'ombra e il sole.

Adesso la Lega sbraita e vuole il carcere duro generalizzato. Se è una gara, ditelo. Vogliono le mascherine per tutti; Fontana si fa vedere mascherato mentre, da solo nel suo ufficio di governatore lombardo, si riprende e parla con la videocamera. Evidentemente non vuole contagiarla con la sua rabbia. O la videocamera è positiva al test del coronavirus?

Tasse e mutui "sospesi". Che grande aiuto per famiglie in cui non entra più un quattrino. Dovranno comunque pagarli, ma per ora sono "sospesi", sopra le loro teste come la spada di Damocle.

Si parla di miliardi come se fossero noccioline, evidentemente nel conto è già compresa l'inflazione che si preparano a produrre.

Corre voce di una "profezia" di Bill Gates, che cinque anni anni fa parlava delle future pandemie.

Cucù! Ecco un'impronta da rilevare. Quando parla il pupazzo dell'IBM & soci, sappiamo che per bocca sua ci stanno comunicando qualcosa di importante i suoi padroni. Le pandemie, con l'aiuto dell'OMS e dei media, si possono creare. Si evocano come gli spiriti, basta che quelli intorno al tavolo uniscano le mani in una collaborazione che deve essere quasi una compenetrazione. Tanti corpi e un'anima sola. La Fondazione Gates ha sempre avuto una simpatia, rinfocolatasi negli ultimi anni, per la salute collettiva, intesa come vendita di vaccini e farmaci ma in quantità più che consistenti.

Tra i dirigenti della Fondazione Gates c'è Chris Elias, presidente del ramo Sviluppo globale (!), che si occupa della salute in tutte le sue forme commerciabili. È stato presidente di PATH, una sedicente nonprofit che si occupa dei profitti di: GlaxoSmithKline, Pfizer, Johnson & Johnson, Siemens, Wipro (multinazionale del digitale), Novo Nordisk (multinazionale farmaceutica danese, produce il 49% dell'insulina globale) e alcune altre "compagnie di merende". Laute merende[33].

Un indizio ma è ancora poco. Se volevano venderci vaccini, potevano usare la solita ricetta: starnazzamento assordante del branco dei mediatacchini (con tutto il rispetto per i tacchini veri, nobili animali dai nobili intenti), un po' di terrorismo, governo e opposizione proni, *et voilà*. Non c'era bisogno di questo esperimento sociale fantascientifico di dittatura ipnotica.

Il giornale «Il Fatto Quotidiano» ci fornisce i raccontini edificanti di tutte le belle cose che si possono fare da soli, chiusi dentro quattro

33 Cfr. https://www.gatesfoundation.org/Who-We-Are/General-Information/Leadership/Global-Development/Christopher-Elias e https://www.path.org/partner-invest/corporations/

mura. Anche ammazzare la moglie, abitudine che sul suolo italico non si è persa nemmeno con la pandemia.

L'ospedale Niguarda Ca' Granda di Milano è stato costretto a fare un comunicato-video internettiano in cui smentisce le false notizie diffuse da alcuni giornali: non è vero che mancano posti in terapia intensiva, non è vero che i reparti di terapia intensiva sono pieni di giovani.

ARRIVANO I RINFORZI

Italia, giovedì 12 marzo al tempo del coronavirus.

Ogni anno in Italia muoiono circa 12.000 donne per il tumore alla mammella. Di queste, circa 3500 hanno meno di 49 anni[34].

"Virus, l'Italia adesso è blindata; chiude l'Italia, aperti solo alimentari, farmacie e edicole; tutta l'Europa va in quarantena; informare è un bene strategico; l'OMS dichiara la pandemia; città deserte; arriva il decreto da 25 miliardi per salvare famiglie e imprese; la lista degli aperti è lunga ma si stringerà ancora di più; mettetevi le mascherine, che non ci sono".

Oh! Finalmente l'OMS dichiara la pandemia. Ha traccheggiato un po', finto un po' di pudore, qualche rossore, qualche no... no..., ma poi ha tirato su la gonna e aperto le gambe con grande slancio ed entusiasmo.

Se noi ambientalisti fossimo in grado di fare un colpo di stato, questo gli assomiglierebbe. Magari senza mascherine e *amuchinagel* tossico. Chissà che qualcuno non crepi per insufficienza respiratoria a furia di inondarsene le mani: la raccomandazione nella scheda tecnica è di non inalarne i vapori. Figuriamoci, e figuriamoci i bambini. E magari, noi ambientalisti avremmo chiuso i supermercati e lasciato aperte le erboristerie e i mercati contadini, permesso ai gruppi di acquisto solidale di operare tranquillamente, alle botteghe artigiane di continuare a lavorare e a tutti di spostarsi a piedi, in bici, coi mezzi pubblici, di riunirsi, discutere, andare a teatro, assembrarsi a piacimento, e ai bambini di correre, giocare, scorazzare nei prati, e alle

34 Cfr. http://www.salute.gov.it/imgs/C_17_notizie_3897_0_file.pdf

loro famiglie di portarli a scuole e asili. Ma non si può avere tutto nella vita, un colpo di stato non è uguale a un altro. Nella storia quelli fatti dal popolo si chiamavano rivoluzioni, avvenivano alla luce del sole e i popoli e i loro rappresentanti agivano a viso aperto; quelli fatti dalle élite non si contano e a volte non erano neanche dichiarati: dicevano che servivano a ristabilire la democrazia. Per il bene del popolo. Non sempre ci crede, il popolo, ma la massa forse sì.

Ma torniamo al nostro virus. L'Europa sembra allinearsi. Si allinea sui nostri giornali e alla televisione. Tiene mano alla "pandemia" (i governi che non lo fanno rischiano grosso, vengono subito minacciati, ricattati, infamati e diffamati) ma in buona parte non si comporta come raccontano i mediaservi. E come si sta comportando invece il governo italiano. Difatti «*Informare è un bene strategico*». L'italiano non lo sanno, i giornalisti italiani, dato che la cultura non è per loro un bene strategico, però sanno riconoscere perfettamente la voce del padrone e obbedire prontamente ai suoi ordini. Certo che è strategico avere in mano tutta l'informazione e far credere ciò che è più conveniente per i propri interessi. Sono decenni che il capitale globale persegue questo scopo e ormai lo ha infelicemente raggiunto.

No, l'Europa non va in quarantena. Fa finta. O meglio, alcuni fanno finta e altri nemmeno quello. Stanno cercando di resistere? A chi e a che cosa?

Per ora solo Emmanuel Macron sembra seriamente intenzionato a portare la Francia nel baratro dove l'Italia sta sprofondando, e probabilmente il governo spagnolo, che sbandiera a tutta forza i suoi contagi. Dopo la Grecia, non doveva toccare all'Italia e alla Spagna di essere colonizzate? Però con la Francia dovrebbe essere un po' più difficile.

I 25 miliardi sono la risposta? Un po' poco. Gli aiuti alle famiglie sono solo vaghe promesse, quelli alle imprese saranno certamente selettivi.

I leghisti vogliono mascherine per tutti. Devono avere un po' di pazienza; bisognerà sicuramente importarle dalla Cina, e sicuramente gli attuali standard europei richiesti per un prodotto considerato sanitario non sono "adeguati". Vedremo cosa si può fare.

Il 2019 è stato l'anno più caldo mai registrato in Europa, con zone in cui la temperatura è arrivata a tre-quattro gradi sopra la media.

Purtroppo la filantropica Fondazione Gates non si occupa di ciò, non pensa che la nostra salute sia minacciata dal cambiamento climatico. O meglio, loro dicono di sì, e per questo stanno collaborando con la Monsanto per sviluppare un mais OGM resistente alla siccità, un mais da coltivare in Africa[35]. Hanno una vera passione per l'Africa e per i vaccini.

Sono andata a cercare la pandemia di Bill Gates per verificare le voci che corrono. Ho trovato un altro indizio. Un'altra tessera che si aggiunge al disegno: «*Ci sono quattro provvedimenti per combattere una pandemia. Il primo è raccogliere i dati sulla malattia – dove e come si sta diffondendo. Il secondo, limitare i movimenti della popolazione, con la quarantena come ultima opzione. Terzo, avere medicinali* di qualche tipo che riducano il diffondersi dell'infezione *e la gravità della malattia. Quarto, fare un vaccino da somministrare* a tutte le persone a rischio», dice il nostro nel suo blog del 18 gennaio 2010. Ma si rammarica del fatto che, nonostante le terrificanti influenze che in tutto il mondo uccidono i già moribondi, non si sia ancora pronti per combattere le pandemie a forza di medicinali chimico-sintetici, vaccini e ordini di coprifuoco. Come bisogna prepararsi? Sentite la premessa e lo svolgimento. «*L'industria dei vaccini ha fatto un grande sforzo per produrre il vaccino il più velocemente possibile [...]*» dice, parlando di una influenza del passato «*Ironicamente, ora che la malattia si è dimostrata più leggera, un sacco di vaccini, la cui produzione è stata sollecitata, non saranno comprati.* Questo è uno dei punti in cui l'innovazione deve fare la differenza [...] le regole dei governi non permettono alle industrie dei vaccini di usare i nuovi approcci [...] i governi devono trovare il modo di aiutare l'industria dei vaccini a estendere le sue capacità»[36].

Non c'è dubbio che il governo italiano farà del suo meglio, come ha già fatto in passato.

---

35 Cfr. http://www.risefoundation.eu/index.php?option=com_content&view=article&id=69&Itemid=50

36 Cfr. https://www.gatesnotes.com/Health/A-Better-Response-to-the-Next-Pandemic

UNA NUOVA RELIGIONE

Italia, venerdì 13 marzo al tempo del coronavirus.

Oggi le colline sono immerse nei fumi che da alcuni anni fanno parte del nostro clima. Sono vapori grigi, non vere nuvole e nemmeno nebbia. Vapori grigi bassi, umidi, che non portano pioggia e oscurano la luce. Proprio come nella terra di Mordor.

"Tensioni sulle nuove regole; le Regioni: misure più dure; disastro in Borsa; Mattarella: da UE aiuti, non ostacoli; Lagarde chiude Piazza Affari -17; Mattarella avvisa Bruxelles: non ostacolare; piano FED da 1500 miliardi di dollari; la UE: il 3% non è più un tabù; Mattarella sferza la UE; scioperi spontanei nelle fabbriche; Europa non ostacolarci; la Fiera di Milano diventa ospedale; il papa fa riaprire le parrocchie".

Mentre le Borse affondano, ma sarebbero affondate comunque, magari un po' più in là, Mattarella se la prende con l'Unione europea, che è refrattaria ad affondare anch'essa. Addirittura la «avvisa di non ostacolare». È un termine rivelatorio: che cosa non deve essere ostacolato? Quale piano o progetto, quale intenzione?

Conte, Luigi Di Maio, Renzi, Stefano Patuanelli (chi è costui? Ah, già, è da qualche mese il ministro dello Sviluppo economico) vanno alla carica dietro di lui. A morte Christine Lagarde, che non permette alla Banca europea di finanziare i debiti che il nostro governo si appresta a fare per mantenere in piedi la pandemia.

I toni nazionalisti-revanscisti dominano su tutti i mediaservi. Proprio come all'inizio di una guerra. Stiamo facendo guerra alla UE?

L'Europa deve essere nostra alleata nella pandemia indebitante e inflazionante, se no, che pandemia è? Perché sia pandemia dobbiamo affondare tutti. E le Borse si rialzeranno.

Dietro la cortina fumogena si intravedono delle ombre. Primo, se le Borse hanno bisogno, per stare allegre o almeno per non soffocare, della terapia intensiva di un'Europa tutta indebitata, allora forse non siamo il boccone, siamo l'esca.

Se si "immetteranno liquidità", che provocheranno inflazione, tutti i Paesi staranno al gioco per avere almeno la loro parte di "liquidità"? E, dato che l'Italia è pandemizzata, che l'OMS ha dichiarato la pandemia e che ci sono attacchi mediatici forsennati ai governi che si rifiutano di farlo, non è meglio in ogni caso adeguarsi almeno un po'? Soprattutto se il governo in carica in quel momento ha un'opposizione forte e agguerrita e che la pandemia la vuole, ed è pronta a lottare fino all'ultimo sangue per ottenerla. Come sta succedendo in Gran Bretagna. Sono dunque i sovranisti che non vogliono la pandemia? È una pandemia da globalizzazione; una pandemia da borghesie sovranazionali a cui le borghesie nazionali, dove ancora ce ne sono, cercano di resistere?

La classe operaia italiana del ventunesimo secolo non distingue una dittatura da una pandemia, e sciopera a favore della dittatura. Non vuole assembrarsi nemmeno in fabbrica. Si parla, naturalmente, delle fabbriche medie e grandi. Nelle fabbrichette artigianali di paese, quelle dei cinque-dieci dipendenti, piangono insieme operai e padroni-operai, impiegate e padrone-impiegate. Hanno paura di perdere il lavoro tutti quanti e per sempre.

La Fiera di Milano diventa ospedale, con Guido Bertolaso che presiede i lavori. Una volta finita l'epidemia, potranno sempre riconvertirlo in un centro massaggi.

Il papa ordina di riaprire le parrocchie romane. Dopotutto, lui dovrebbe essere davvero e legittimamente un monarca assoluto. Una religione e una Chiesa che si fanno annullare da una malattia, non hanno più ragione di esistere. I sacerdoti hanno una funzione e mantengono un potere solo esercitandoli tra il popolo, accanto al loro popolo e tanto più quando questo è in difficoltà. Nei tempi del diffamato coronavirus siamo alla messa *onlain*: sullo schermo del computer.

Mia madre, fervente cattolica, ha cominciato a vedere la messa in televisione dopo gli ottant'anni, ma solo in quelle domeniche in cui non si sentiva bene. Due settimane prima di morire, a novantasette anni, l'accompagnammo alla chiesa in auto. Quando andammo a riprenderla, ci diede i rametti d'olivo da mettere nelle camere da letto. Lo facemmo. Non siamo cattolici, ma abbiamo, come tutti, i nostri riti, e crediamo che la religione sia un conforto e una speranza per i credenti. Chi sta cercando di attuare questo miserabile progetto di dominio e inganno, sta privando gli esseri umani non solo della libertà, del buon senso, dello spirito critico, ma anche del conforto e della speranza che la vita collettiva ci fornisce.

Tempeste di vento, sabbia del deserto, pioggie torrenziali stanno colpendo il Medio Oriente; stanno devastando l'Egitto, che ha avuto più di 20 morti nelle prime ore. Si prevede che colpiscano tutti i Paesi vicini.

ARRIVANO I FARMACI

Italia, sabato 14 marzo 2020 al tempo del coronavirus.

Siamo sempre nei fumi, i fumi del cambiamento climatico e quelli della cortina fumogena mediatica: *"Bollette ridotte e IVA rinviata; la UE: massima flessibilità per Roma, e piazza Affari risale +7,3; Trump cambia: gli USA in stato di emergenza; Fratelli d'Italia nelle nostre strade deserte; molti confini dell'UE chiusi; i tre farmaci che già si usano e quelli in prova; pioggia di soldi antivirus; tasse rinviate a maggio; il generale: 'divieti seri, non inviti'; l'ISS: il fronte si sta spostando al Sud; De Luca: chi passeggia in due o senza valido motivo va in quarantena; l'Italia che canta"*.

Chissà se, come l'uccello in gabbia, l'Italia canta per amore o canta per rabbia. Le misure a favore delle famiglie, che governo e opposizioni uniti nella lotta hanno rovinato, sono solo proclami. Piazza Affari risale perché l'UE ci permette di indebitarci quanto ci pare, e la sua risalita è la prova che i soldi dei nostri debiti andranno alle società per azioni. Donald Trump, presidente statunitense, è stato messo alle strette e dichiara lo stato di emergenza, ma l'unico provvedimento che annuncia è lo stanziamento di 50 miliardi di dollari.

Rinviano le tasse e dov'è il vantaggio? Ammesso che le rinviino davvero, bisognerà pur sempre pagarle. La pioggia di soldi c'è, ma è per i farmaci, tre che già si usano e quelli in prova. I "nostri angeli" seguono i protocolli (e chi li decide, i protocolli?) e fanno le prove: "Vediamo se funziona". Una delle missioni della Fondazione Gates, ricordo, è quella di resuscitare farmaci "sottoutilizzati". Questa pandemia sì che è una buona occasione. Qualche morto in più che male fa? Confermerà la pandemia.

Mostrano i denti, minacciano; l'ISS vuole la pandemia anche nel refrattario Sud, De Luca vuole *quarantenare* tutte le coppie, un non identificato generale vuole la legge marziale. È come se temessero di perdere il controllo della situazione, e avessero dunque bisogno di agitare continuamente lo spauracchio; altrimenti gli uccelli torneranno a posarsi e a becchettare. Invece sembra che li vogliano far morire di fame. Amici di mio figlio, che avevano aperto da poco delle piccole attività, si apprestano a restituire la partita IVA per evitare almeno le spese.

Poiché il risultato sembra essere quello di rovinare l'economia italiana, o meglio, di rovinare la piccola e media impresa nazionale e tutti i lavoratori autonomi, che ormai in Italia sono una massa indefinita e spesso in condizioni precarie, forse il risultato è l'obiettivo? Era questo che volevano? Sbarazzarsi di tutti i "concorrenti"? Dobbiamo passare in massa alle dipendenze dirette o indirette delle grandi aziende sovranazionali?

Corre voce, si mormora, di un esercizio pandemico, una sorta di conferenza internazionale di preparazione alla pandemia da coronavirus. Andiamo a vedere chi sono questi profeti di sventura. Eccoli qui: l'ineluttabile Fondazione Gates, la Johns Hopkins Bloomberg School of Public Health e... la nebbia forse si dirada: il Forum economico mondiale (FEM)!

La Johns Hopkins, che pare essere la fonte da cui, sui mediaservi, sgorgano ogni minuto, come per magia, i dati su morti e contagi da coronavirus in tutto il mondo (potenza del non verificabile digitale!), è diventata familiare a tutti gli italiani senza che nessuno sappia di che si tratta. Cerchiamola allora, questa università nonché centro per la salute eccetera.

Come università il loro motto è: «Quando l'ambizione incontra l'opportunità, tutto è possibile». Che tutto sia possibile, anche quello che credevamo impossibile, lo stiamo vedendo.

Alla Hopkins University si studiano proprio le nuove opportunità: medicina, biotecnologia, biofarmaceutica, bioingegneria, informatica applicata alla sanità, medicina molecolare, e poi studiano i mercati (*businesses*) in tutte le loro forme e accezioni. Si studia per diventare funzionari del Dominio. Ma ormai questo vale per molte università. Quella che ci dà i numeri sulla "pandemia" è una branca o tentacolo della università Hopkins, la Johns Hopkins Bloomberg (quel Bloomberg? Proprio esso: una delle più grandi finanziarie globali che si occupa di salute pubblica). Per conoscere gli scopi di un'organizzazione che finge di non essere un'azienda, basta vedere chi la dirige. Il primo della lista è tale Robert Abernethy, che lavora e/o ha lavorato per lo Stato della California, il Consiglio del Pacifico per la Politica internazionale, il Consiglio atlantico, e dal 2010 è membro del Consiglio del dipartimento di Stato USA per la **Politica economica internazionale**[37].

Il secondo è Joseph Boystak[38], realizzatore di un Venture Capital Fund: la traduzione più esatta dal punto di vista del significato sarebbe "fondo di capitale avventuriero", che vuole dire speculazioni dichiaratamente azzardate e senza scrupoli. Un capitalista avventuriero e speculatore finanziario, con un'immensa passione per l'industria della sanità e della tecnica digitale applicata alla sanità. Il suo fondo speculativo si chiama "Health 2047 Capital Partners" (Salute 2047 capitalisti complici, è una traduzione un po' libera ma legittima). Dicono, quelli del Fondo, che «*La sanità necessita di una trasformazione [...] Health 2047 è strutturato unicamente per ottenerla [...] sta trasformando la sanità USA a livello di sistema [...] le soluzioni richiedono capitali e per questo è stato creato Health 2047 [...]. I partecipanti al Fondo mirano a ottenere profitti creando soluzioni strategiche per il loro mercato [...] investendo in quattro pilastri strategici: 1) liquidità dei dati* [devono scorrere e non stare fermi, i nostri dati, cioè le informazioni su quello che facciamo, dove andiamo, cosa comperiamo e che malattie abbiamo]; *2) malattia cronica* [evidentemente progettano come procurarcela]; *3)* produttività medica; *4)* utili [nel senso di incassi] della sanità»[39].

Questo è solo uno dei tanti interessi di Joseph Boystak, ma mi sembra il più significativo come legame con la pandemia da coronavirus.

---

37 Cfr. https://www.jhsph.edu/about/school-at-a-glance/health-advisory-board/board-members/abernethy.html

38 Cfr. https://www.jhsph.edu/about/school-at-a-glance/health-advisory-board/board-members/boystak

39 Cfr. https://health2047capital.com/

Poi ci sono dirigenti di ONG, di commissioni internazionali, di apparati sovranazionali, di multinazionali come Procter & Gamble, di aziende delle comunicazioni, di multinazionali dei dati digitali e dei media. Quelli che si occupano di mercati sanitari comunque predominano.

È possibile credere che tutto questo *pandemiomio* sia fatto solo per vendere prodotti sanitari? Che sia solo questo il movente? Il delitto sembrerebbe sproporzionato.

UN PAPA DISOBBEDIENTE

Italia, domenica 15 marzo al tempo del coronavirus.

Soffiano i media: *"Le regole per chi lavora; lite tra Fontana e la Protezione civile; a Roma non capiscono; primo stop a tasse e contributi; nove settimane di CIG per tutti; Lombardia allo stremo, così crolliamo; lungo applauso per medici e infermieri; il tricolore ci rende più forti; Spagna e Francia copiano il* **modello** *Italia; la Lombardia si fa l'ospedale, chiamando Bertolaso; trovata la cura che batte il virus; parchi chiusi ma la gente ci va lo stesso; allarme Lombardia, ospedali pieni; eroi per caso"*.

E soffia pure una tramontana gagliarda che illimpidisce l'aria, ma asciuga ancora di più la terra che si sta inaridendo. Oggi piantiamo in giardino corbezzoli e viburni, che resistono bene alla siccità. Un po' più di verde, di vita, di cibo per gli uccelli e anche per noi, di resistenza al male che avanza sul pianeta e nella società umana. Pianteremo nel frutteto un altro gelso, lo abbiamo già comperato; è uno di quelli dai frutti neri e saporiti che preferiamo, anche se uccelli, volpi, martore sono coloro che si cibano delle nostre more di gelso molto più di quanto riesca a noi. Ma le campagne sono ogni giorno più inospitali per gli altri animali, e questo grazie agli umani, e quindi è giusto che approfittino di quel che trovano.

Tutti i giornali strillano notizie sugli aiuti che il governo darà a quelli che sta rovinando: manciate di sabbia negli occhi, prima dello sparo. Avanza, assieme alla "pandemia" copiona di Francia e Spagna, la retorica da telenovela dell'Italia demagogica, esibizionista, melensa e falsa. Medici e infermieri sono applauditi, o almeno così ci dicono i mediaservi; del resto medici e infermieri sono tra gli attori di questa rappresentazione; non i principali, a parte qualcuno sempre in tivù, ma un coro importante come quello del *Nabucco*.

La vessazione è diventata regola: la gente non deve andare al parco, deve stare in galera e farsela piacere, anche se tutti i giorni salta fuori una nuova cura per "battere" il virus. Il virus che ci fa la guerra e noi dobbiamo batterlo. Così non si vede la guerra vera e chi ce la sta facendo.

Adesso gli araldi, quelli che ci trasmettono gli ordini che poi diventeranno decreti del re Incoronatovirus, sono i cosiddetti "esperti". Onnipresenti in televisione, sui giornali, e davanti ai quali si prostrano, come se si trattasse di nuove, splendenti divinità, i conduttori televisivi.

Come mai sono così importanti? Chi sono? Che interessi hanno e di chi gli interessi fanno?

Roberto Burioni e Ilaria Capua sono gli Onnipresenti mai contestati portavoci della "pandemia". Bisognerà tenerli d'occhio.

Foto di gente ai balconi, tutta contenta, che canta, che balla, che batte le mani; facciamoci i *selfi*, siamo italiani. È bello vedere che gli italiani non perdono il buonumore anche quando perdono il lavoro i guadagni lo stipendio l'istruzione i servizi pubblici la democrazia la libertà.

Lega e governo litigano sui particolari e marciano in perfetta sintonia nella sostanza.

Coloro che possono continuare a lavorare devono disinfettarsi le mani con prodotti cancerogeni, tenersi a distanza dai compagni di lavoro, indossare tute camici cuffie occhiali. Ma, ovunque e per chiunque sia possibile, bisogna privilegiare il telelavoro. A casa, ingobbiti davanti a un computer, soli. E quanti computer deve avere una famiglia in cui uno o due sono costretti a telelavorare e uno o due bambini a telestudiare? Ma tutto questo è per il nostro bene, per la nostra salute. E forse anche per quella di chi vende i prodotti della cibernetica digitale.

Il papa è uscito dal Vaticano, ha camminato a piedi per le strade di Roma, ha visitato una chiesa e pregato il Dio sulla croce. Forse voleva dire qualcosa al suo popolo che, tutto intento a gridare dai balconi "Viva l'Italia" mentre l'Italia muore, non capirà.

UN POPOLO IN MASCHERA

Italia, lunedì 16 marzo 2020 al tempo del coronavirus.

I titoli del giorno: "*Coronavirus: polemiche sulla passeggiata del papa; uniti, è il periodo più a rischio; 25 miliardi; un muro antivirus; arrivano i soldi; cliniche private precettate; stop al fisco; allarme su una nave da crociera a Tenerife*".

Stamattina siamo andati al paese a fare la spesa; davanti alla farmacia c'erano quattro o cinque persone mascherate. All'ingresso della piccola Coop abbiamo visto un sorvegliante. Perché bisogna entrare solo uno alla volta e con partenze scaglionate. E va bene, ma hanno paura che la gente sfondi le porte? Tutti in coda fuori e noi ce ne siamo andati. Al negozio di alimentari la coda non c'era, ma i negozianti erano mascherati e la gente si teneva a distanza.

Da una mandria di vacche d'allevamento intensivo, che è l'unica similitudine possibile per come ci stiamo comportando, ci si aspetterebbe almeno il calore animale.

Anche il papa deve venire sanzionato, almeno con le polemiche virtuali e mediatiche, se no rischia di dare il buon esempio, e questo non è più tollerabile.

Le coppie non conviventi rimangono separate perché i vicini potrebbero allarmarsi e denunciarli: i peggiori sono appagati da questa situazione, finalmente possono nuocere a qualcuno senza rischio e sentirsi potenti. Dopotutto, l'Italia è stata fascista per vent'anni e con convinzione. Avvalersi di un briciolo del potere vessatorio statale di questo periodo per vessare "legittimamente" il prossimo, è una libidine per chi non ha mai protestato contro le prepotenze e le illegalità di ogni genere, forse le ha invece nascostamente perpetrate.

Sono separati gli amanti, i parenti, gli amici, figli e genitori, nonni e nipoti. Ma lo fanno per il nostro bene, per tutelare la nostra salute. I popoli occidentali sono arrivati a crederlo e bisogna ringraziare per questo soprattutto i mediaservi. Non riusciamo più ad accendere la radio senza venire istantaneamente bombardati, travolti, sommersi da continue chiacchiere sul coronavirus pandemico, qualunque sia la trasmissione. Mia cugina a Milano, che viveva con radio o tivù costantemente accese, le ha spente. «Non ne posso più, a volte cambio e cerco la musica, se no li mando a quel paese».

Ci invitano a stare uniti. Con chi, dato che ci stanno separando in tutti i modi? A sventolare il tricolore, mentre svuotano i forzieri di questa caravella malandata ma che ancora stava a galla, per riempire quelli di chi? Dicono di dover pagare gli straordinari di medici e infermieri. Perché, prima non li pagavano? Ci rintronano con l'emergenza, ma in gran parte d'Italia gli ospedali lavorano meno di prima. Non si fanno più le visite specialistiche, non si fanno più i controlli e, di conseguenza, neanche i ricoveri. La ASL ti telefona per dirti che la visita specialistica o il controllo sono rimandati a data da destinarsi. E quante diagnosi, quante operazioni chirurgiche sono rimandate? E quanta gente morirà per queste dilazioni? Li metteranno tra le vittime del coronavirus?

Ma assumeranno, dicono, migliaia di laureati, saltando il praticantato. Per cosa? Per le terapie intensive? Allora sì, che la morte è sicura.

Il decreto ci assicura che lo Stato spenderà tanti soldi per le mascherine sintetiche che creano inquinamento e provocano allergie, e per altri "prodotti sanitari"; che i lavoratori obbligati a non lavorare saranno anche obbligati a consumare le proprie ferie stando chiusi in casa; che le aziende non potranno licenziare per sessanta giorni anche se non incassano nulla (ma dopo i sessanta giorni?), che tutti possono indebitarsi quanto vogliono.

Per fortuna anche i croceristi pagano pegno: le navi da crociera italiane vengono messe in quarantena qua e là per il mondo. Segregati in una cabina, cioè una scatola di plastica puzzolente, con gli inservienti che lasciano i pasti dietro la porta.

Sono andata a fare una lunga passeggiata col cane, tra boschi e campi. C'era un silenzio d'altri tempi, neanche un aereo in cielo. Peccato che sia dovuto a un colpo di stato e non al rinsavimento delle masse umane.

LO SBARCO DEI MILLE

Italia, martedì 17 marzo 2020 al tempo del coronavirus.

"Europa chiusa al mondo; virus, l'UE blinda i confini; virus, arrivano 10.000 medici; un antivirus da 25 miliardi; ora 25 miliardi; forza con gli altri; Macron: 'Siamo in guerra'; Borse nel panico; pressing dell'OMS: test a tappe".

Stamattina al paese abbiamo incontrato Beppe. Mio marito gli ha detto: «Quando sarà finita e verrà fuori la verità, dovremo fare la ghigliottina automatica» e Beppe gli ha risposto: «Metteremo il motorino».

Dopo la Cina e l'Italia, l'Europa chiusa. Così dicono. Quel che è sicuro, è che Macron ricalca i passi del nostro monarca: «Siamo in guerra». È una guerra che stanno facendo ai loro popoli.

Le Borse si spaventano della recessione, ma l'OMS fa del suo meglio per spingere la "loro" economia. Vuole testare tutti. A tappe, però. I test si devono vendere a tonnellate ma c'è un "ma": se tre quarti degli italiani e non solo risultassero positivi e sani e salvi, la colpevolezza del virus non sarebbe più così scontata.

I 25 miliardi non bastano, ce ne vogliono di più. "forza con gli altri". Per cosa? Finora l'unica somma definita che andrà a chi non sta lavorando sono l'elemosina dei 600 *euri*. E non si sa per quanto tempo durerà la segregazione. Il termine fissato del 25 marzo non è sicuro, gli "esperti" si sforzano di convincerci che non può bastare. Bisogna andare avanti. Fino alla sicura, totale rovina? Che gioco stanno giocando? Di chi è il gioco che stanno giocando?

Cosa vogliono il Forum economico mondiale, il centro Johns Hopkins e il consorzio di multinazionali Fondazione Gates? L'Italia non è più sola nella "pandemia". Un progetto globale? Di quali dimensioni? È l'Europa il boccone? Tutta? E i governi sono tutti complici, criminali, corrotti come il nostro? Ma cos'è in sostanza il FEM? Chiediamolo a loro, di solito i PDMP (Padroni del mondo psicopatici; usiamo anche noi le sigle, visto che a loro piacciono tanto) non resistono all'impulso di fare sfoggio della propria potenza.

«Il Forum economico mondiale fornisce una piattaforma per le 1000 più importanti compagnie [intendesi finanziarie-multinazionali] **per modellare un futuro migliore. Come organizzazione associativa, il Forum impegna i mercati in progetti ed iniziative per affrontare i problemi del settore, sia regionali che di sistema»**[40].

Loro "modellano un futuro migliore" e, se hanno modellato questa pandemia, vediamo già che razza di futuro sarà per noi. Ma, evidentemente, sarebbe migliore per loro. Resta da capire come. Oltre ai mille, che guidano l'attacco, ci sono i soci e collaboratori, praticamente tutte le multinazionali e finanziarie globali e tutte le compagnie multinazionali di consulenza finanziaria e legale. Un esercito sempre in marcia. Anche perché, come si credeva una volta per gli squali, se rimangono immobili, muoiono. Per quel che riguarda gli squali veri, è falso: i degni e utili animali uccidono solo per mangiare; li hanno filmati a volte che dormivano tranquilli sui fondali. Per quel che riguarda i capitalisti globali, invece, è vero: appena smettono di divorare, vengono divorati dai loro compari. Forse è anche per questo che hanno bisogno di un Forum economico mondiale che li colleghi tutti: per tenersi sempre d'occhio.

40 Cfr. https://www.weforum.org/about/our-members-and-partners.

I FILANTROPI DE NOANTRI

Italia, mercoledì 18 marzo 2020 al tempo del coronavirus.

Anche oggi in Italia 485 persone moriranno di cancro. Tra loro vi saranno giovani donne che lasceranno bambini orfani, bambini con la leucemia o il tumore al cervello, che è in aumento tra i tumori pediatrici. Grazie a tutti quei prodotti e aggeggi che l'industria ci ha procurato e che i governi permettono, che la scienza al servizio del profitto ha inventato e sui quali i capitalisti si arricchiscono, pronti a eliminare politicamente (o anche fisicamente, se la cosa è inevitabile e conveniente) qualsiasi governante o governo che volesse proibirli. Ma anche grazie a noi tutti che li abbiamo accettati e li usiamo.

Però vogliono proteggerci a tutti i costi dal coronavirus, anche a costo di imprigionarci.

"Troppi in giro, li puniremo; controlli sui telefoni; l'Italia guida i test sui nuovi farmaci; l'egoismo non deve vincere; Conte, chiusura a oltranza; Agnelli, Lavazza, Barilla, Berlusconi corsa ad aiutare; l'assedio; a Bergamo muoiono due postini; Campania, ospedali da campo; Italia rischia chiusura anche ad aprile; Conte chiede alla UE i Covid-bond".

Il pero fiorisce e cominciano ad aprirsi le gemme del ciliegio. Sto seminando nei vasetti le piantine per l'orto, e ho già seminato alcune aiuole preparate da mio figlio. Stiamo potando gli ultivi ma è troppo secco per bruciare le ramaglie. A marzo!

Ogni giorno i nostri politici minacciano, sbraitano, annunciano nuove restrizioni. Ora il monarca ci dice che la pena è prolungata ad aprile e poi non si sa: ad oltranza! Intanto chiede all'Europa i coronabond.

Attenzione. Con cautela raccogliamo, dal disordine confusionario ma non privo di senso dei quotidiani annunci strillonati dai giornali, due frasi disgiunte ma che forse hanno un collegamento: "chiusura a oltranza" e "chiede alla UE i Covid-bond".

Quella chiusura a oltranza sembra una minaccia all'Unione europea. Cosa sono i Covid-bond? In soldoni, dei titoli di Stato europei, con cui tutti i Paesi europei si indebitano per pagare il debito che noi faremo. Perché faremo il debito? Per pagare che cosa, dato che non sono certo quei 600 *euri una tantum* che manderanno in miseria lo Stato? Siamo la testa di ponte per distruggere ogni parvenza di stato sociale in tutta l'UE? Noi, la Francia e la Spagna? Se "chiudiamo a oltranza", come dice l'autonominatosi reuccio, non potranno non esserci ripercussioni su tutta l'economia europea. Bloccato il turismo, i viaggi, l'*export-import* ecc., di qua e di là dalle Alpi.

Ci vogliono terrorizzare, punire, controllare: controlli sui telefonini. Ma chi li fa? Come? In che modo? Cosa controlla?

In Campania ospedali da campo. Ci sono i profughi? Le trincee con i soldati in guerra? A Torre del Greco spernacchiano i vigili che passano col megafono tra i pedoni che passeggiano, vanno a fare la spesa, si fanno i fatti loro. I vigili impassibili e noncuranti, gli abitanti altrettanto. Che bella tradizione, quella della pernacchia. Perché l'abbiamo persa?

Rischiamo la chiusura anche ad aprile, nell'attesa dei coronabond. Intanto che li aspettiamo, non stiamo con le mani in mano: «guidiamo i test sui nuovi farmaci». Oh, questa sì che è una bella notizia, per le multinazionali del farmaco e i fondi avventurieri della Gates-Hopkins e compari.

I farmaci in realtà non sono nuovi, ma un pochino sottoutilizzati sì. Aspettavano una bella pandemia che, come diceva il nostro Billy nel 2010, cambiasse leggi e regole sui farmaci.

FRATELLO, RICORDATI CHE DEVI MORIRE

Italia, giovedì 19 marzo al tempo del coronavirus.

"Blocco totale avanti; BCE, 750 miliardi contro l'epidemia; virus, record di morti; peggio della Cina; pronti a divieti più duri; camici bianchi, escalation di contagi; il virus da solo causa lo 0,8% delle vittime".

Meglio distogliere lo sguardo.

Questa mattina sono arrivate le upupe. Bentornate. Svolazzano intorno a casa. Il terreno è secco e duro, speriamo che trovino di che nutrirsi, ne hanno urgente bisogno dopo il lungo viaggio e la loro specialità è estrarre dal terreno vermi e insetti coi lunghi becchi sottili.

Sono già parecchi giorni che a pranzo mangiamo erbe di campo in tutte le possibili modalità: polpette, risotti, frittate, sformati o, semplicemente, stufate o crude in insalata. Ne raccolgo una cesta ogni mattina, è un lavoro e un divertimento; sembra una magia vederle rispuntare ad ogni primavera, varie e folte, apparentemente fragili e invece così tenaci. La falsa ortica, coi suoi fiorellini viola, è piena di bombi ronzanti; non si spostano nemmeno se li tocchi.

No, sembra che qualcosa non funzioni con i Covid-bond. La Banca centrale europea (BCE) stanzia 750 miliardi di euro (ormai, un miliarduccio più, uno meno...) ma chi vuole indebitarsi s'indebiti, e chi non vuole lasci stare.

Dunque, abbiamo un record di morti. Abbiamo battuto la Cina, siamo i primi noi. Così annunciano a titoli cubitali i mediacoro. Per cui, i divieti saranno più duri. Per non morire dobbiamo soffrire e gli italiani lo capiscono bene. I morti erano vecchi, avevano il cancro, erano in dialisi ma, dicono, avrebbero potuto vivere ancora anni, senza il virus! Si sono dimenticati che dobbiamo morire tutti, credono al virus mortale e, soprattutto, credono che senza il virus sarebbero immortali.

Forse è per questo che ieri, mentre mio figlio andava a Siena in auto, un italiano mascherato per difendersi dal coronavirus lo ha superato in curva.

Quelli che non rispettano i limiti di velocità, che di notte in città passano col rosso, buttano i rifiuti a lato delle strade, abbandonano cani e gatti per andare in vacanza, berciano e bevono in strada fino alle tre di notte scassando l'anima alla gente normale che alle tre di notte vorrebbe dormire, ora, obbedienti come un cadetto di West Point, non escono più di casa e, solerti come un maggiordomo inglese, si mettono maschera e guanti di materiale tossico e si strofinano le mani col gel tossico.

BRUCIARE LE PROVE

Italia, venerdì 20 marzo al tempo del coronavirus.

Continuano le urla di panico dei media: "*Pronto l'esercito per i controlli; più morti che in Cina; emergenza a Madrid; gli hotel trasformati in ospedali; resisti Milano; le ronde dell'esercito; soldati nelle città; 9 morti su 10 senza terapia intensiva; l'87% del lombardi mai giunti in rianimazione; più decessi della Cina che ci dà 100 milioni di mascherine; BCE piano da 750 miliardi; soldati contro furbi; esercito anti-furbi; Borse positive, bene i titoli bancari*".

Stamattina al paese, fuori dalla piccola Coop, dialogo tra mio marito e il "sorvegliante": «Quando verrà fuori la verità...», «Ci sarà la guerra civile».

Oggi anche il panaio era mascherato. Ha detto che lo fa per la gente a cui consegna il pane: molti hanno paura. Hanno spinto la gente ad aver paura di parlarsi, di toccarsi. L'esercito è pronto. Peccato che sulla rivista digitale «Difesa Online» ci sia un articolo dal titolo "Il colpo di stato del coronavirus" con la foto di Contevirus in bella mostra. Forse l'esercito non è così pronto come vorrebbero[41].

41 Cfr. https://www.difesaonline.it/evidenza/editoriale/il-colpo-di-stato-del-coronavirus

Dato che i Covid-bond non sono passati, abbiamo più morti che in Cina e Milano deve resistere alla pandemia. Non farà fatica dato che fino a due giorni fa i morti dal 1° gennaio, tra i residenti a Milano, erano un centinaio in meno dell'anno scorso[42]. E parliamo di tutti i morti. Un amico, fotoreporter in pensione, ha voluto vederci chiaro ed è andato a parlare con il guardiano del cimitero di Lambrate, dove vengono inceneriti senza funerale, proibito, tutti i morti di Milano di questo periodo di barbarie. Con rispetto per i barbari, che onoravano i loro morti e non si lasciavano infinocchiare dai loro capi.

«Avete tanto lavoro in più, eh, in questo periodo?».

«No, come al solito».

«Ma come? Allora perché dicono che ci sono tutti questi morti?».

«Non lo so».

A quel punto, è andato a chiedere al direttore del cimitero i dati dei morti dal primo gennaio e quello si è rifiutato di darglieli, con stizza sgarbata. Ma... ma una gentile signorina dell'anagrafe, dietro sua richiesta, glieli ha forniti tramite *meil*. Con due righe cordiali e la propria firma, nome e cognome. Resisti Milano[43].

Cantano i media, a piena voce. I media della Lega e soci con toni da avanspettacolo, i "sinistri" con toni apparentemente più ragionevoli e foto terrificanti di convogli dell'esercito nella notte. Bisogna modulare la voce a seconda degli ascoltatori. E meno male che non tutti finiscono in rianimazione. Forse perché non ne hanno bisogno? Per uno che sta morendo di cancro o di idropisia la "rianimazione" sarebbe una tortura criminale e insensata. Che bello, però, la Cina ci dà 100 milioni di mascherine. Pagandole, ovviamente. Che bello, per le multinazionali cinesi, cominciare a tirarsi un po' su dopo la crisi da diminuzione dei consumi.

42 Comunicazione personale per e-mail «Gentilissimo, in allegato i dati richiesti. Nella prima colonna si trovano i decessi avvenuti nel periodo 1/1-18/3. La colonna "totali", invece, indica il numero dei decessi annuali».
Decessi residenti a Milano
periodo 1/1-18/3
anno 2018: 3454; anno 2019: 3409; anno 2020: 3313
totali
anno 2018: 13982; anno 2019: 13840; anno 2020: -

43 *Ibidem*

La BCE sta facendo un "piano" per stampare 750 miliardi di *euri*. Aiuterà così le banche a rimpinguarsi e gli Stati europei a indebitarsi. Chi vuole, naturalmente.

Cosa succede se hai un debito? Se è con tuo fratello o un caro amico, un po' alla volta gli restituirai i soldi che ti ha prestato. Se è con una banca o uno strozzino, devi pagargli gli interessi e, quando decide che è più interessato a ciò che possiedi che ai tuoi soldi, ti porterà via tutto quello che hai. "Io ho un piano!" dicevamo da bambini, giocando agli indiani e ai *cauboi*, nascosti dietro un divano, prima di balzare fuori all'attacco. Quand'è che balzeranno fuori all'attacco i *cauboi* che si nascondono dietro il divano della BCE? Ecco che le Borse si rialzano, si vedono già le fronti, gli occhi, il naso dei *cauboi* nascosti, si indovina la mano sulla fondina.

I media invocano l'esercito per dare manforte ai *cauboi*-rapinatori; l'italiano che tenti una qualsiasi piccola evasione dal carcere è un "furbo". Ogni volta che muore qualcuno sotto i sessant'anni, finisce sulle prime pagine dei giornali. Qualsiasi sia il motivo della morte, basta fare un tampone (forse) e, se è positivo, assurgono alla effimera fama dei morti giovani da coronavirus. Solo alle donne morte ammazzate da mariti e conviventi il tampone non lo fanno. Quelle adesso le trovi sulla colonnina laterale o nelle pagine interne.

Ma non è finita neanche con la Johns Hopkins eccetera. C'è un altro tentacolo della piovra, il Johns Hopkins Centre for Health Security (per la sicurezza della salute?). Vi presento i loro progetti, anzi ve li presentano loro: *«Massimizzare la bioeconomia USA per la* ***crescita economica e la sicurezza nazionale****»; «Intelligenza collettiva per la predizione delle malattie»; «Impatto sulla salute pubblica dell'interruzione di energia elettrica»; «Aumentare la resilienza della* ***NATO alle minacce biologiche****»; «Disinformazione:* ***durante le epidemie la comunicazione è critica [...] le reti sociali hanno esacerbato la disinformazione****»; «Sintesi genetica»; «Previsione per aiutare i politici a [...] stabilire un modello di comunità funzionante durante i disastri»; «Norme internazionali per la biosicurezza»; «Leader emergenti nella biosicurezza [...] ispira e connette la prossima generazione di leader e innovatori nella biosicurezza»*[44].

---

44 Cfr. https://www.centerforhealthsecurity.org/our-work/Center-projects/

Chi li decide, i "leader" del mondo? Non erano i popoli? Dov'è finita la Santa Democrazia, in nome della quale hanno bombardato un quarto del mondo? Chi decide della nostra salute e della sanità pubblica? Chi smanaccia con cellule e DNA per fare medicinali brevettati e incontrollabili? Chi decide quali sono le informazioni, le idee, i pareri buoni e quelli cattivi? E chi finanzia questi progetti? Il Johns Hopkins Centre non lavora gratis.

Il finanziatore della maggior parte dei progetti è un'organizzazione dal nome anodino di Open Philanthropy. Vi ricorda qualcosa? Open Society, Open Democracy, tutto "open" e a noi ci rinchiudono. Di chi è Open Philanthropy? Di tale Dustin Moskovitz e di sua moglie Cari Tuna. Poca fantasia. Una coppia filantropica, Bill e Melinda, era già troppo. Lui chi è? Il fondatore e padrone, assieme al più conosciuto Mark Zuckerberg, di Facebook. Nonché di Asana, azienda che fornisce prodotti digitali per organizzare il lavoro delle compagnie multinazionali. Il suo patrimonio netto è di 11,8 miliardi di dollari[45].

Eccovi i dirigenti del JHCHS (Johns Hopkins Center eccetera):

- Tom Inglesby. È un esperto di biosicurezza, lavora con tutte le agenzie governative USA che di ciò e di altro si occupano (minacce nucleari, chimiche, bioterrorismo e... influenza pandemica), e che «promuovono la collaborazione tra Stato e industria per realizzare prodotti per il mercato»[46].

- Anita Cicero. L'Anita Cicero si occupa di leggi per il governo USA e per il settore pubblico, dirigeva lo staff di trecento avvocati e impiegati di una "azienda della legge" di Washington, ha creato e diretto numerosi consorzi farmaceutici (l'unione fa la forza), collabora con membri del Congresso USA, con l'OMS, la Commissione europea, la Food & Drug Administration, il dipartimento di Stato USA, il dipartimento della Difesa ecc.[47].

---

45 Cfr. https://www.openphilanthropy.org/about/who-we-are e https://www.forbes.com/profile/dustin-moskovitz/#40016e621dd3 e https://asana.com/company

46 Cfr. https://www.centerforhealthsecurity.org/our-people/inglesby/

47 Cfr. https://www.centerforhealthsecurity.org/our-people/cicero/

Tutti lavorano o hanno lavorato per il governo USA, si sono occupati di guerra, di armi chimiche e biochimiche, di leggi e regolamenti. Il JHCHS è un centro di studio per la guerra e il dominio, al servizio delle multinazionali, dello Stato USA e dei superstati autocratici detti "istituzioni internazionali". E getta un altro po' di luce sulla "pandemia". Anche quest'ultima è, evidentemente, una guerra. C'è un potente esercito miliardario che si è messo in moto. Per lo scontro finale? O per la guerra civile dell'ultimo impero?

Gli scienziati che osservano lo scioglimento dei ghiacciai in Groenlandia e nell'Antartide hanno constatato, dai rilevamenti satellitari, che il mantello di ghiaccio in ambedue i luoghi sta sciogliendosi a una velocità sei volte superiore a quella degli anni Novanta del Novecento.

IL GRANDE GIOCO

Italia, sabato 21 marzo al tempo del coronavirus.

Il primo giorno di primavera, al tempo in cui c'erano ancora le stagioni.

Intanto: *"Più morti; scontro sui divieti; il governo chiude solo i parchi; chiude New York; record di morti e contagi nel giorno più nero del coronavirus; virus, la ministretta non basta; l'UE congela il patto di stabilità; parchi chiusi, sport solo sotto casa; giorni più duri; obbediamo".*

Alle otto della sera fa già buio, è allora che il ministro cosiddetto della salute emana l'ordinanza per "contenere il contagio". Si può fare jogging (non camminare?) solo sotto casa: la corsa sul posto. Basta verde pubblico, abituatevi a farne a meno, ché poi tutti gli alberi di città li faremo tagliare alle imprese forestali, per farne combustibile per le centrali a biomasse delle suddette imprese. Non si può più andare nelle seconde case. Quei "furbetti" degli italiani, dato che non possono lavorare, assembrarsi, passeggiare, andare al bar al cinema al teatro a una conferenza, stanno furbescamente cercando di andare nelle seconde case, quelli che ce le hanno, dove almeno c'è un giardinetto, oppure un bosco intorno. Vorrebbero, tutti soli in mezzo ai boschi, camminare liberamente e magari pure senza mascherina. Ma il governo del virus e le virus-opposizioni glielo impediranno: tutti uniti, anche se guardandosi in cagnesco. Perché lo fanno? Per abituarci a obbedire a qualsiasi insensatezza? Perché chiudono i parchi? Vogliono privatizzare anche quelli? Stanno cercando di farci davvero ammalare tutti quanti? Chiedono ancora più divieti, più arbitrio, più punizioni.

Cercano di ottenere la stessa cosa negli USA; Trump non ci sta e allora ci pensano i governatori cosiddetti "democratici" a dare il via.

Il sindaco di New York immobilizza la città, mette ai domiciliari gli abitanti, chiude le attività commerciali e produttive, vieta gli assembramenti. Come in Italia, ma tutto d'un colpo.

È ormai evidente che non è solo l'Italia il boccone da divorare. Si sta giocando un grosso gioco, e non può essere unicamente un mercato di vaccini e mascherine.

Ci dicono che avremo giorni più duri, non dobbiamo sognarci che la situazione migliori. Sono costretti a buttare continuamente combustibile nella caldaia, che altrimenti si spegnerebbe. L'eccesso di morti è solo in Lombardia e, della Lombardia, solo in pianura padana; forse anche in propaggini emiliane e venete di pianura c'è qualcosa che non va: più polmoniti di quelle della media. Tutto il resto d'Italia è tranquillo, si continua a morire di cancro, d'infarto un po' meno perché, fatto il tampone, risulta coronavirus. Non sarebbe sufficiente per mantenere alta la paura e condizionare i comportamenti della massa, solo i mediaservi possono riuscirvi. Ma cominciano a viaggiare su Internet informazioni diverse; ci sono medici e ricercatori che asseriscono non esserci nessuna pandemia; mi arrivano messaggi e telefonate di amici allarmati per il regime dittatoriale, che si chiedono cosa ci sia sotto. C'è sotto il Johns Hopkins, certo, ma non è da solo, e ancora non sappiamo quale sia il movente.

Mi ha telefonato anche un'amica che vive e lavora in Germania, a Monaco di Baviera. Fa l'operatrice sanitaria in una casa di riposo: «Cosa sta succedendo in Italia?» mi chiede. Le sembra tutta una follia; da loro le mascherine non le mettono neanche gli operatori sanitari, né tantomeno i vecchi nell'ospizio. Suo figlio, anche lui operatore sanitario, ma in ospedale e nel reparto infettivi, la deve mettere: è di stoffa e ogni sera la lava da sé. Hanno chiuso i negozi, in Baviera e in un altro *Land*, ma la gente può uscire come al solito e le industrie lavorano.

Non tutto il mondo è paese.

In Iran, dove ora cominciano le vacanze di primavera, la polizia ha calcolato che un milione e duecentomila auto sono partite per località di vacanza o per andare dai parenti. Certo, sarebbe meglio se fossero andati coi mezzi pubblici, ma è comunque confortante sapere che in altri Paesi c'è ancora libertà.

LE ESERCITAZIONI

Italia, domenica 22 marzo 2020 al tempo del coronavirus.

"Uffici e aziende, nuove chiusure; Conte ferma l'Italia; chiude tutto, anche le fabbriche che non avevano ancora chiuso; ***contro la crisi dei Covid-bond prestiti MES e fondi ai disoccupati****; impennata di morti; Napoli, in giro troppi incoscienti; Napoli, boom di ricoveri".*

Boom di ricoveri, forse, ma i napoletani non ne vogliono sapere di morire di coronavirus. In tutta la Campania sono solo 29 i morti positivi al coronavirus. Si vede che i napoletani sono più attaccati alle tradizioni e continuano a morire per le vecchie buone ragioni, compresa la morte di vecchiaia, che al Nord invece è sparita.

I morti del Nord si impennano come cavalli imbizzarriti. Adesso si può buttare anche il cianuro nelle falde della Lombardia, tanto la colpa dei morti sarà sempre del coronavirus. La regione con l'aria, i terreni, le acque più inquinate d'Italia (paragonabile alla terra dei fuochi e ai quartieri intorno all'ILVA di Taranto ma messi insieme, però) ha solo morti-coronavirus.

Si chiudono tutte le attività produttive non essenziali. Quelle essenziali chi le decide? Insistono per i Covid-bond. È per ottenerli a tutti i costi che stanno strangolando l'Italia? Come in quei film dove la fanciulla è ostaggio del criminale che, puntandole la pistola alla tempia, intima: «Mettete i soldi sul banco o le sparo!». Ma chi la dovrebbe salvare, la povera fanciulla? Tanto più sapendo che mettere i soldi sul banco segnerebbe la sua e la propria fine. Però si tratta di una rapina su commissione. Chi sono i mandanti?

Quelli di Event 201, organizzato dal Forum economico mondiale e dalla Johns Hopkins? Negli "eventi" elencati sul sito del Johns

Hopkins Center, sotto l'annuncio di Event 201, che si è tenuto nell'ottobre 2019, c'è però la data "15 maggio 2018". Perché in quella data c'era stato un altro "esercizio pandemico": Clade X. "Clade" è una parola latina che significa rovina, disastro e simili. L'esercizio-conferenza Clade X era riservato a funzionari di governo USA; c'erano il Segretario di Stato, quello della Difesa, la Procuratrice generale, il direttore della CIA e consimili. Sarà questo che chiamano "lo Stato profondo"[48]? Ed ecco le raccomandazioni che il Johns Hopkins Center, a seguito di Clade X, fa al governo USA: 1) «*Sviluppare la capacità di produrre nuovi vaccini e medicinali entro mesi, non anni*». Traduco: eliminare gran parte delle sperimentazioni necessarie prima che un medicinale nuovo possa essere commercializzato. Le sperimentazioni costano quattrini e, se vanno male, il medicinale è bocciato e i quattrini persi. 2) «*Farsi pionieri di un sistema globale di sicurezza sanitaria sostenibile*». Traduco: essere i primi nell'iniziare a organizzare un accentramento sanitario senza precedenti, globale, con la confraternita delle multinazionali a capo di tutto e quelli dell'OMS come funzionari e controllori. La parola "sostenibile" significa in realtà "redditizio". 3) «*Costruire un sistema di sanità pubblica nazionale che possa affrontare le epidemie*». Traduco: lo Stato deve stanziare una barca di soldi per pagare vaccini, medicinali, prodotti sanitari, perché ogni influenza stagionale sarà dichiarata pandemia.

Non è quello che sta succedendo in Italia? Non siamo anche noi un "esercizio pandemico" fatto sul campo? Lo Stato compera antivirali, antinfiammatori, disinfettanti, tute, guanti, scafandri, mascherine.

O è il Johns Hopkins Center for Health and Healthcare lo Stato profondo[49]?

In Burundi, dalla metà di marzo le piogge incessanti stanno causando inondazioni, distruggendo villaggi; ci sono morti e migliaia di sfollati. Continuano le tempeste in Medio Oriente; a Mosul un'inondazione ha distrutto 1300 abitazioni.

---

48 Cfr. https://www.centerforhealthsecurity.org/our-work/events/2018_clade_x_exercise/

49 Cfr. https://www.centerforhealthsecurity.org/our-work/events/2018_clade_x_exercise/players/

I NAPOLETANI SONO CATTIVI

Italia, lunedì 23 marzo al tempo del cronavirus.

In Italia ci sono 122.000 ammalati di sclerosi multipla. La malattia viene diagnosticata nella maggioranza dei casi tra i 20 e i 40 anni. Tutti gli studi fatti sul territorio mostrano una precisa correlazione tra sclerosi multipla e inquinamento dell'aria; così come gli studi sui pazienti mostrano anche una correlazione tra pesticidi e malattia.

Ma suona la solita musica: *"Stop agli spostamenti; vietato spostarsi; virus, vietato lasciare le città; scuole online otto su dieci; i Paesi poveri si preparano all'Apocalisse Covid; anche la Merkel in quarantena; Conte: uniti potremo rialzarci"*.

Stamattina è passato uno stormo di balestrucci. Arrivano, speriamo non siano troppo pochi. Ancora non si vede una rondine. Ieri sera, all'imbrunire, sono passati due bianconi, alti e veloci nel cielo ancora luminoso, lontani come miraggi di cui si indovina la grandezza. Il glicine sulla terrazza è pieno di boccioli; se tutto va bene, farà una splendida fioritura, con gran godimento delle xilocope.

I giornali ce l'hanno coi napoletani dei quartieri poveri, che non vogliono stare chiusi in casa. Il nuovo decreto delle tenebre (come al solito, gli ordini arrivano nella notte; deve essere una tattica precisa) ci vieta di lasciare, per qualsiasi motivo, il Comune di residenza. Ma ci dicono che tutta l'Italia è infettata. Allora, perché non si può uscire dal territorio del proprio Comune? Hanno imposto delle regole di distanziamento tra le persone nei pochi negozi rimasti aperti e nelle strade. È una prova di arbitrio e di obbedienza fine a se stessa? O tesa a umiliare i dominati e rafforzare il potere dei dominatori?

I media, e chi dà loro gli ordini, vogliono l'Apocalisse per i Paesi poveri. Stanno cercando di prepararla sottoponendoli alle stesse "regole" che impongono a noi, e così togliendo loro di bocca anche il magro boccone che li sostenta.

Angela Merkel, cancelliera federale della Germania, si è messa in quarantena per dare il buon esempio ai tedeschi; i napoletani non si mettono in quarantena neanche col buon esempio. Tutti i media, e una parte degli italiani che sono stati contagiati dal panico irrazionale indotto da questi, ce l'hanno coi napoletani, che riempiono le strade dei quartieri popolari e fanno la spesa al mercato.

Quelli che fumano un pacchetto di sigarette al giorno e quindi, se non smettono in tempo, si assicurano la morte per cancro ai polmoni, portano la mascherina tra una boccata e l'altra; così come i mangiatori di patatine fritte industriali, Nutella e carne intensiva. Quelli che buttano le lattine dal finestrino dell'auto, che scaricano i rifiuti nelle scarpate, che superano i limiti di velocità per principio, che buttano i liquami nei fiumi, catturano con le tagliole gli animali selvatici e cacciano animali protetti, che parcheggiano l'auto nel posto riservato ai disabili, che timbrano dieci cartellini per colleghi a spasso che l'indomani timbreranno il loro mentre sono a spasso, cantano l'inno di Mameli al balcone, sventolando il tricolore che serve loro abitualmente per le partite di calcio in trasferta all'estero.

Sui muri delle città, cartelloni con la foto di una donna imbavagliata da mascherina tricolore e la scritta: "Insieme, senza paura".

Ma quale "insieme", che avete separato anche genitori e figli, nonni e nipoti, gli amanti, i fidanzati. E avete fatto dei peggiori tra gli italiani le spie, gli sbirri, i delatori di chi mantiene un po' di dignità e va a farsi una passeggiata o a trovare un parente.

LA NOSTRA SALUTE

Italia, martedì 24 marzo al tempo del coronavirus.

Così i titoli dei giornali: *"Primi spiragli; nuova stretta; uno spiraglio non basta; parlano gli industriali; non è arrivato ancora un euro; calano le vittime; il virus frena, battaglia lunga; altri divieti; restiamo a casa; Assolombarda: imprese sicure, serrata irresponsabile"*.

Stanotte le temperature sono scese a tre gradi sottozero. Nella vasca delle cavalle abbiamo dovuto rompere il ghiaccio con un bastone. Dopo mesi di tepore primaverile, quasi tutti gli alberi da frutta, i pioppi, i carpini avevano gemme schiuse o foglioline nuove. Bruciate ora dal freddo. Soffia un vento furioso di tramontana.

Ormai al paese sono tutti in maschera, tranne qualche eccentrico come noi.

Oggi ci sono dissonanze nel coro mediatico. Forse perché la borghesia italiana (Assolombarda) comincia a capire di essere stata fregata. Le vittime calano, il virus frena, ma la battaglia è lunga. Forse hanno calcolato che un mese di arresti non è sufficiente per rovinare l'economia italiana. Si sa che siamo un popolo di risparmiatori e "familisti": consumando un po' di risparmi familiari, la gran parte degli italiani ce la farebbe a rimettersi in piedi? Oppure la battaglia lunga è con l'obiettivo di ricattare i Paesi europei che non vogliono indebitarsi? Perché non devono prenderci per il naso (eufemismo): 7 persone morte finora positive al coronavirus e senza altre patologie non sono la causa di questa catastrofe sociale, economica, politica, mediatica. Non è la nostra salute che vogliono preservare, dato che quelli che ci governano e i loro finti oppositori sono gli stessi che incentivano e finanziano le centrali a biomasse, il trasporto merci su gomma, le autostrade e le file interminabili di mastodontici camion, i pesticidi, i rifiuti tossici "legali", cioè i fanghi dei depuratori sparsi nei campi come concime; che permettono che il 40% delle fogne italiane non abbia nessun trattamento di depurazione e che le feci finiscano nei fiumi e nel mare intatte così come la comunità umana le ha fatte, e che permettono che buona parte del restante 60% abbia depuratori che non funzionano. Sono coloro che permettono che l'acqua minerale e le bibite siano contenute in bottiglie di plastica cancerogena, che vengano usate pellicole di plastica cancerogena per avvolgere i cibi, che si disinfettino col cloro cancerogeno l'acqua degli acquedotti. Costoro permettono anche gli OGM nei mangimi animali e gli antibiotici negli allevamenti intensivi e l'elenco potrebbe continuare all'infinito. Tutte le scelte dei politici che ci governano, quando si è trattato e si tratta di scegliere tra la nostra salute e gli interessi del capitale globale, sono sempre state a favore di quest'ultimo: petrolio, chimica, energia, allevamenti intensivi, industrie farmaceutiche, logistica, navi da crociera: niente viene impedito al grande capitale, per quanto danneggi la salute umana.

Allora, proviamo a ritornare al grande capitale. Dedichiamoci ai "giocatori" di Event 201; non a tutti, ne basta qualcuno per capire con chi abbiamo a che fare. Dimmi con chi vai e ti dirò chi sei.

- Tim Evans. Adesso lavora alla McGill University nel ramo che ricerca e promuove nuovi medicinali. Ha lavorato per l'OMS, la Banca mondiale, la Rockefeller Foundation; è stato uno dei fondatori di GAVI, l'alleanza internazionale per promuovere i vaccini (naturalmente brevettati e di proprietà delle multinazionali del farmaco), la quale «*non è solo interessata alla salute delle comunità ma anche alla salute del mercato dei vaccini*»[50]. Questa è ciò che si chiama una "mezza verità".

- Avril Haines. La Avril lavora alla Columbia University; alla Johns Hopkins University; alla Commissione nazionale per i servizi militari nazionali e pubblici USA; alla WestExec Ad-

50 Cfr. htps://www.gavi.org/sites/default/files/document/gavi-alliance-strategy-and-business-plan-2011-2015pdf.pdf; https://www.gavi.org/investing-gavi/innovative-financing/iffim

visors, un'azienda di consigli strategici (lo sapevate già che adesso ci sono aziende private che danno "consigli" agli Stati su come fare la guerra militare, economica, politica, mediatica?)[51]. È stata anche dirigente della CIA e consulente legale del Consiglio di sicurezza nazionale. Adesso è consulente anche della Vodafone Foundation. Sarà dotata di superpoteri oppure non diventerà vecchia. Nessuno sentirà la sua mancanza, morto un consulente legale ne spunta un'altro.

Poi c'è gente dell'ONU, della Johns Hopkins, della Fondazione Gates: funzionari, servitori dello Stato Globale.

E i padroni? Trovati.

- Matthew Harrington, dirigente di Edelmann, multinazionale della comunicazione che «*Protegge e promuove la reputazione delle grandi compagnie e dei loro affari*».

- Martin Kunkel, dirigente di Lufthansa Group e di Swiss International Air Lines.

- Brad Connet, presidente di Henri Schein, multinazionale farmaceutico-sanitaria: quella che ora fornisce i tamponi per il coronavirus.

- Latoya Abbott, dirigente di Marriott International, multinazionale con 6700 grandi alberghi e villaggi turistici: Ritz, Sheraton, Meridien ecc.[52].

Mi fermo perché c'è un limite a tutto.

Questi qui si preoccupavano della nostra salute? Si "esercitavano" a salvarci? Vogliono aiutare i governi per limitare il numero delle vittime e delle perdite economiche mie e vostre?

"Tutti gli asini ci credono" dicevamo da bambini. Ma gli asini, degne e intelligenti creature, non ci avrebbero creduto.

---

51 Cfr. http://westexec.com/

52 Cfr. https://www.centerforhealthsecurity.org/event201/players/index.html

IL GOVERNO DEL SETTORE PRIVATO

Italia, mercoledì 25 marzo al tempo del coronavirus.

"Multe fino a 3000 euro; Conte: i risultati ci sono; Conte: non bloccherò l'Italia per mesi; [...] dureranno mesi, poi smentisce; il bazooka di Trump mette il turbo alle Borse; sì all'esercito e alle maximulte; divieti, carcere".

Anche stanotte le temperature sono scese sotto zero, soffia una tramontana da tempesta. In tarda mattinata è arrivato un volontario della Misericordia a consegnare le mascherine per conto del Comune. Cosa non si fa per compiacere gli elettori e i superiori! Gli abbiamo detto grazie, no: finché non ci costringeranno a metterla, non la metteremo. Lui, mascherato, sembrava un pupazzo.

I 2000 miliardi di dollari promessi dal governo americano fanno leccare i baffi alle grandi imprese e agli speculatori finanziari. Le Borse si rallegrano.

Divieti, carcere, esercito. I dati sono confortanti, durerà mesi, non durerà mesi. Vincenzo De Luca, presidente della Campania, dice che la regione resterà ai domiciliari fino al 14 aprile.

Ogni morto è degno di un articolo; se lo hanno "tamponato" post-mortem e il tampone segnala (cosa?) che c'è un virus del tipo SARS-CoV-2, allora è un morto *da con per* coronavirus. Esenti solo le donne ammazzate dai conviventi o ex, i suicidi che si buttano dal balcone e si sfracellano sul selciato. Quelli il cui suicidio non ha avuto testimoni non sappiamo se vengano inseriti anche loro nelle statistiche dei morti *da per con* coronavirus; magari un mezzo virus in gola glielo hanno trovato.

Si curano i pazienti con farmaci finora usati solo per gravi malattie autoimmuni. Il RoActerma (tocilizumab), finora usato esclusivamente per la poliartrite idiopatica e l'artrite reumatoide è uno di questi. Recita la sua scheda tecnica che esso è indicato per *«l'artrite reumatoide attiva, da moderata a grave, negli adulti che non abbiano risposto adeguatamente o siano intolleranti a precedenti terapie con uno o più farmaci antireumatoidi modificanti la malattia o antagonisti del fattore di necrosi tumorale [...]. In pazienti in terapia con agenti immunosoppressori incluso RoActerma* ***sono state riportate infezioni gravi e a volte fatali.*** *Il trattamento con RoActerma* ***non deve essere iniziato in pazienti con infezioni attive. La somministrazione di RoActerma deve essere interrotta nei pazienti che sviluppano un'infezione grave, fino a quando questa non risulti controllata.*** *Gli operatori sanitari devono essere cauti nel considerare l'uso di RoActerma nei pazienti con una storia di infezioni ricorrenti o croniche o con patologie preesistenti (quali diverticolite, diabete e* ***patologia polmonare interstiziale)*** *che potrebbero predisporre i pazienti alle infezioni»*[53].

Nei documenti sempre più interessanti del convegno-esercitazione pandemica da coronavirus, che vede riuniti quindici affaristi globali, governi, dirigenti della salute pubblica (sic!), ne abbiamo trovato uno dal titolo: "Cooperazione pubblico-privato per la preparazione pandemica e la risposta"[54].

Dicono, lorsignori, che *«sarà necessario un livello senza precedenti di collaborazione tra governi, organizzazioni internazionali, settore privato»*, ed ecco come. Punto 1: i governi, le organizzazioni internazionali e le aziende devono pianificare come utilizzare le capicità delle *corporation* durante la pandemia su larga scala. Per esempio, dicono, le compagnie che hanno in mano i trasporti, le reti sociali digitali e la grande distribuzione potranno supportare i governi durante la pandemia e **risolvere e indirizzare molti dettagli legali.**

Al punto 2 dicono che: le industrie (s'intende multinazionali), i governi nazionali e le organizzazioni internazionali (quelle che i popoli non eleggono e nemmeno sanno niente di chi sono e come lavorano) devono collaborare tra loro per **implementare le scorte di medicinali detenute a livello internazionale, per rendere rapida la**

53 Cfr. https://www.ema.europa.eu/en/documents/product-information/roactemra-epar-product-information_it.pdf

54 Cfr. https://www.centerforhealthsecurity.org/event201/recommendations.html

distribuzione durante le pandemie. L'OMS, dicono, ha attualmente una possibile scorta di medicinali **con contratti con le multinazionali farmaceutiche, che si sono accordate per fornire vaccini quando l'OMS lo richieda; questa scorta potrebbe aumentare per accrescere la capacità dell'OMS di distribuire vaccini e medicinali** ai Paesi che ne avranno grande bisogno durante la pandemia. Secondo loro, ciò dovrebbe includere **qualsiasi scorta disponibile di vaccini sperimentali.** Chissà se hanno fatto anche un vaccino contro la rogna e ce lo appiopperanno per curare qualche virus che passa da queste parti.

Al punto 3 dicono che le multinazionali dei trasporti devono collaborare (mica gratis, s'intende), e che i ministri della Sanità e i governi devono lavorare assieme alle compagnie aeree e a quelle del trasporto marittimo. Traduco: le companie aeree e marittime multinazionali dicono ai governi come fare per sovvenzionarle e per eliminare qualsiasi loro concorrente con qualche "dettaglio legale".

Nel punto 4 sbrodolano un po' troppo, e si vede che hanno l'acquolina in bocca e sono pronti a sbranarci. Dicono che i governi devono fornire maggiori risorse (soldi) **per lo sviluppo e la produzione di vaccini, prodotti terapeutici e diagnostici, e devono investire nell'industria e nelle nuove tecnologie.** Traduco: i soldi degli Stati devono essere dati ai privati, sempre s'intende multinazionali globali, per la ricerca, perché la ricerca costa e quindi ce la dobbiamo accollare noi cittadini, ma i profitti di tale ricerca andranno a lorsignori, al massimo gli Stati avranno una percentuale sui guadagni; ricetta già vista ma che ora vogliono sviluppare su larga scala. Questo richiederà **aggiustamenti legali e aggiustamenti degli ostacoli normativi.** Traduco: d'ora in poi, cioè dalla "pandemia" virtuale in poi, leggi e regolamenti li decidono le multinazionali di consulenza legale delle altre multinazionali, i governi le applicano e stanno buoni.

Al punto 5 «*i dirigenti d'azienda e i loro azionisti devono impegnarsi attivamente con i governi e i legislatori per ottenere che aumentino le risorse* [soldi] *per la preparazione alla pandemia [...]. I dirigenti delle aziende multinazionali dovrebbero giocare un ruolo molto più dinamico come sostenitori della preparazione alla pandemia*». Traduco: arriva il momento in cui i dirigenti delle multinazionali devono entrare in campo direttamente, basta mediazioni e/o burattini, si passa al governo dei soli padroni, attraverso i loro più fidati lacché: che bel partenariato, come quello di un rapinatore col rapinato.

E poi andiamo direttamente al punto 7, dove «*i governi e il settore privato dovrebbero prioritariamente sviluppare metodi per combattere la disinformazione [...]. Esperti influenti dipendenti dal settore privato devono incrementare il messaggio al pubblico [...] inondare i media [...]. Le compagnie mediatiche devono assicurare che i messaggi falsi siano soppressi*». Esattamente come in una dittatura, perbacco! A informarci, devono scendere in campo altre truppe assieme ai dirigenti delle multinazionali: gli "esperti" delle multinazionali[55].

Dunque, per quel che riguarda l'associazione a delinquere che sta attuando il crimine, abbiamo le idee chiare su una buona parte dei soci. FEM e Johns Hopkins come *longa manu* delle compagnie medicofarmaceutichebiotecnologichedigitali, Fondazione Gates come megafono e ufficio pubbliche relazioni del capitale globale. La loro manovalanza è innumerevole e va da certi "medici" (è un po' ripugnante usare questa parola per personaggi che, invece di curare, sono pronti a danneggiare per soldi, vanità, ambizione) a una serqua di politici e galoppini mediatici detti "giornalisti"

Ma le prove non saranno complete finché non avremo trovato il movente. Non si distrugge l'economia di più Paesi, non si impone una rischiosa dittatura per vendere vaccini e medicinali di saldo ("sottoutilizzati", dice la Fondazione Gates). Rischioso, questo colpo di mano, anche per quelli che l'hanno attuato. Se non dovesse riuscire, potrebbero finire a carte quarantotto. Carte... stanno bluffando? Tentano il tutto per tutto, in vista della loro rovina altrimenti sicura? Si ritorna alla prevista recessione globale.

In Zambia piove a dirotto da una settimana, ci sono alluvioni in tutto il Paese. Dal dicembre scorso settecentomila persone hanno perso terreni, case, bestiame. Ci sono stati dei morti, non sappiamo quanti. I vivi non hanno più cibo, acqua potabile, casa. Tutta l'Africa centro orientale da mesi viene colpita da tempeste di vento e piogge torrenziali. Del tutto inusuali.

---

55 *Ibidem*

I PAESI PERICOLOSI

Italia, giovedì 26 marzo al tempo del coronavirus.

"Scarseggiano i tamponi; Conte: pericoloso se altri Paesi non adottano il nostro rigore; bazooka da 50 miliardi; Draghi: debito per proteggere l'economia; Virus, Conte e Macron sfidano la Merkel; allarme pensioni, patrimoniale; l'Italia all'UE: azioni straordinarie".

Stamattina, alle otto e trenta, il termometro sulla terrazza segnava zero gradi e cadeva qualche fiocco di neve. Addio frutti di tutti quegli alberi ora in fiore.

I tamponi scarseggeranno sempre perché, se no, si scoprirebbe che milioni di infettati stanno benone. E allora bisognerebbe capire perché muoiono quelli che muoiono, se per il virus o per altre cause, magari l'inquinamento senza precedenti che si è accumulato nella pianura padana, e che non risparmia nessuno dei tre elementi, aria, acqua, terra.

Secondo il reuccio sotto tutela, Conte, è pericoloso se gli altri Paesi «non adottano il nostro rigore». Perché? Si preoccupa anche della salute degli altri popoli, come Medici senza frontiere che sperimenta i vaccini in Africa[56]? Si sostituisce anche all'OMS? Vuole convincere gli italiani che, se gli altri governi non mettono ai domiciliari i loro popoli, sono

56 Cfr. https://www.medicisenzafrontiere.it/news-e-storie/news/mozambico-msf-lancia-il-primo-test-su-larga-scala-luso-di-un-vaccino-orale-contro-il/; https://www.medicisenzafrontiere.it/cosa-facciamo/topic/ebola/; https://www.ilfattoquotidiano.it/2019/09/25/ebola-medici-senza-frontiere-contro-loms-i-vaccini-ci-sono-ma-ne-viene-limitato-luso-non-ce-trasparenza-nelle-forniture/5476275/; https://www.doctorswithoutborders.org/what-we-do/medical-issues/vaccination; https://www.doctorswithoutborders.org/what-we-do/news-stories/news/statement-pfizer-falsely-claims-msf-involvement-companys-unethical

dei governi irresponsabili, a differenza del nostro governo? Che non sappiamo più da chi sia composto, a parte il re Incoronatovirus. Gli "esperti"? Ma non eravamo una democrazia parlamentare a suffragio universale? Draghi vuole più debito, senza dirci a cosa deve servire. Tanto più che si vocifera sui giornali che attingeranno al solito pozzo: cominciano ad abituarci all'idea di ridurre le pensioni e tassare anche i nostri risparmi.

Hanno fermato produzione e commercio da un mese e intendono, "se necessario", andare avanti per un altro mese. Spingono perché gli altri Stati europei facciano lo stesso e perché tutti gli Stati europei si indebitino alla stessa maniera. La Svezia ha detto, a chi pensa di avere il coronavirus con sintomi come tosse, raffreddore, febbre e stanchezza (che novità!) di starsene a casa in quarantena. Tutti gli altri liberi come prima. Non sarebbe stata la cosa più logica per tutti, anche ammettendo che ci fosse un virus pericoloso? Stabilito, come dice l'Istituto superiore di sanità, che a rischio sono gli anziani malati e i malati immunodepressi, non sarebbe stato il caso di "mascherare" eventualmente solo loro e consigliare loro di uscire il meno possibile? Sempre volontariamente, però: saremo ancora liberi di decidere della nostra vita e salute? Chi avesse temuto il virus, il contagio, la morte, avrebbe potuto restare a casa ed essere sovvenzionato per non rischiare fallimenti e licenziamenti. Chi avesse ritenuto di non doverlo temere avrebbe continuato la sua vita normale. Non ci sono bambini o adolescenti morti per coronavirus, hanno dovuto ammetterlo tutti. Sono stati costretti da fatti troppo evidenti per essere smentiti nascosti deviati. Allora, perché rinchiuderli? Perché chiudere le scuole? Perché costringere tra quattro mura proprio coloro che più hanno bisogno di moto e aria aperta per mantenersi in salute? Pediatri e associazioni di genitori ed educatori sono allarmati, vedono i danni che la reclusione sta facendo ai bambini.

Nel mondo intero depressione e disturbi neuropsichiatrici sono in aumento tra i bambini e gli adolescenti. Secondo l'OMS tra il 10 e il 20% di bambini e adolescenti soffre di disturbi mentali. Le patologie neuropsichiatriche sono diventate la causa principale di disabilità nei giovani e il suicidio è diventato la seconda causa di morte tra i 15 e i 29 anni.

GLI SCHELETRI E GLI ARMADI

Italia, venerdì, 27 marzo al tempo del coronavirus.

"Scontro in Europa sugli aiuti; la brutta Europa; la UE litiga; il virus dilaga; chiamate Draghi; la strage non si ferma, contagi salgono; contagi in crescita; il vaffa di Conte alla fu Europa; l'Italia lasciata sola; scontro con l'Europa".

Stamattina al paese tutti mascherati; una certa Paola che non aveva la mascherina si teneva la sciarpa davanti al muso e badava bene a stare lontana da tutti. Adesso nel negozio di alimentari si deve entrare da una porta e uscire dall'altra. *El pueblo* è ormai sottomesso alla pandemia, vive nel terrore di un virus e muore d'infarto, di cancro, di Alzheimer, di pesticidi che qui si sprecano.

Ieri abbiamo avuto un cauto ottimismo, oggi, che l'Europa non vuole indebitarsi al posto nostro, «la strage non si ferma» e «i contagi dilagano». La battaglia è in corso, diventa sempre più evidente che c'è un ricatto pandemico. Da parte dei governi che hanno pesantemente pandemizzato i loro Paesi, nei confronti dei governi che hanno recalcitrato, mitigato o addirittura rifiutato la pandemia. Non solo c'è scontro, ma la minaccia, risibile, di uscire dall'Europa. Fino a ieri quelle stesse forze politiche e tutti i mediaservi in coro tenevano l'Europa in palmo di mano. Quanto al virus, i morti e i contagi salgono o scendono a seconda di quanto i pandemifili nonché pandemifici si sentano vicini al traguardo.

Ma qual è il traguardo? Distruggere tutte le economie nazionali in Europa, attraverso la chiusura pandemica delle attività produttive e commerciali e attraverso un debito diffuso, che non risparmi nessuno?

Sfrucugliando nell'armadio di uno dei pandemifici, la Johns Hopkins University, ho trovato un altro scheletro. La JHU è proprietaria di circa quattromila brevetti di prodotti sanitari e di prodotti cibernetici (quelli chiamati tecnologici o digitali, per intenderci)[57].

L'amico di Milano, ex fotoreporter, mi racconta episodi dei suoi giri in bicicletta nella Milano fantasma. Vicino al Castello, davanti a una chiesa un vecchio prete se ne stava col volto rivolto verso il cielo e gli occhi chiusi. Lui ha attaccato bottone:

«Buongiorno, padre, che bella giornata! Milano deserta è anche più bella».

«È bella, sì, ma è una città in galera».

«È vero, la gente ha paura. Lei non porta la mascherina, non ha paura?».

Il vecchio sacerdote lo ha guardato sorridendo:

«Ho novant'anni, di che cosa devo avere paura? Se Dio mi vuole, mi prenda».

«E invece la gente ha paura, anche i vecchi».

«Eh, sì, si sono ricordati che devono morire».

57 Cfr. https://patents.justia.com/assignee/the-johns-hopkins-university

IL VIRUS E I CEREALI

Italia, sabato 28 marzo 2020 al tempo del coronavirus.

"La UE superi i vecchi schemi; nessuno si salva da solo; record di morti, in campo l'esercito; Mattarella: Europa, ora basta; primi saccheggi, si rischia la rivolta, Europa muoviti; non arrivano gli aiuti; Mattarella alla UE: fate presto; mai così tante vittime in Italia".

Le temperature sono salite, oggi al sole fa anche troppo caldo. Prosperano le bietole che avevo seminato lo scorso autunno, ne ho riempito un paniere.

È persino imbarazzante, oltre che ridicolo, vedere come i morti aumentano ogni volta che l'UE rifiuta di annegare con noi. Governo e opposizione ora cantano in coro, perfettamente intonati. Nessuno si salva da solo! Però può rovinarsi da solo, non l'avevano previsto? O forse in compagnia di Francia e Spagna. Dunque i morti sono un record e si rischia la rivolta; e ci sono i primi saccheggi! Allora si aspettano i secondi. Baggianate, bugie, propaganda. E Mattarella alla UE: fate presto! Il grido di chi sta annegando. Chi vogliono convincere? Non certo i governi europei, che sanno perfettamente a che gioco si sta giocando, qualunque esso sia. Allora è *el pueblo*, che vogliono convincere, perché, quando sarà rovinato e in miseria, creda che la colpa sia dell'Unione europea? La quale, con le sue commissioni-superstati, di colpe ne ha così tante che elencarle sarebbe difficile, ma non si possono addossarle le proprie.

Il bluff non sta riuscendo? Dunque, mai così tante vittime, record di morti. Tutti i morti sono sul palco, anche quelli morti di vecchiaia. Tutti positivi al coronavirus, ci dicono, e dunque vittime della pandemia mortale del virus selettivo, che uccide solo vecchi ammalati o solo ammalati gravi non tanto vecchi. Vittime di uno dei tanti virus che ci accompagnano da quando eravamo ancora vermi o rettili o, chissà, da quando eravamo anche noi virus.

C'è un altro piccolo problema mondiale, su cui i mediaservi come al solito mentono. E forse non è poi così piccolo. I Paesi produttori di cereali stanno bloccando o limitando le esportazioni. La Russia limita l'esportazione di grano, l'Ucraina si avvia a fare lo stesso, il Vietnam blocca l'esportazione di riso. E i mediaservi dicono che è a causa del coronavirus (!?). Bloccano le frontiere ai cereali infettati? I cereali se li tengono perché proteggono dal virus come le mascherine? Oppure, più plausibilmente, con il Corno d'Africa e il Medio Oriente brucati dalle locuste, mezza Africa sommersa dalle alluvioni, la steppa russa che brucia senza interruzione, la siccità che l'estate scorsa ha disidratato a morte cinque Stati indiani, pensano che i cereali cominceranno a scarseggiare ed è meglio tenersi i propri di scorta? A voi la non ardua risposta.

L'ERETICO DELLA GLOBALIZZAZIONE

Italia, domenica 29 marzo al tempo del coronavirus.

"Cibo e buoni spesa alle famiglie; no di von der Leyen ai coronabond, scontro; rallentano i contagi, si prepara il reddito d'emergenza; 5 miliardi ai Comuni; 4,3 miliardi ai Comuni; a New York 1 morto ogni nove minuti; lavoriamo tutti insieme al vaccino; chiusure: proroga di quindici giorni dopo il 3 aprile"; superata la soglia dei 10.000 morti; buoni spesa, buoni cibo, aiuti ai poveri, buoni ai poveri; New York teme la strage; la UE: no ai coronabond; in rialzo i titoli farmaceutici".

Le promesse di soldi e aiuti fioccano come gli annunci mortuari. Le prime sono promesse da marinaio, come si diceva quando c'erano i marinai: qualche sindaco ha messo mano al proprio portafoglio per aiutare le famiglie meno abbienti rimaste senza lavoro. I secondi sono i soliti poveri morti, che ora diventano i protagonisti sui media, in compenso non hanno nemmeno diritto a un funerale e a un fiore sulla tomba.

Anche i morti di New York adesso sono protagonisti, di un film di successo internazionale. Finalmente il capitale globale ha un nuovo argomento per attaccare Trump, ormai il nemico numero uno, dato che gli sta rompendo troppe uova nel paniere. Non perché sia un anticapitalista, ovviamente, ma perché è un capitalista antiglobalista. Corrisponde agli eretici del periodo in cui imperversava la Santa Inquisizione. Gli anticapitalisti, invece, ormai corrispondono ai pagani; come allora per i pagani, noi anticapitalisti siamo stati i primi a subire lo sterminio (nel nostro caso perlopiù politico, ideale e morale) e, nel mondo occidentale ma non solo, siamo un residuo imbelle, disorganizzato, marginale e confuso. A parte qualche lodevole eccezione qua e là, sempre minacciata e sotto attacco. Adesso tocca agli eretici, cioè a quei capitalisti e alle loro organizzazioni politiche che credono che il mercato sia davvero libero solo le sue regole sono uguali per tutti i competitori, piccoli e grandi, impedendo così la razzia totale e l'occupazione di tutto lo spazio economico da parte dei pochi potentissimi. Regole che permettano a tutte le imprese di avere le stesse possibilità. Trump sta rimettendo i dazi e dunque proteggendo le imprese nazionali dagli assalti del capitalismo globale delocalizzato; sta ponendo fine alle guerre di conquista degli USA nel mondo, e dunque togliendo il boccone di bocca alle multinazionali che con le spese di guerra ingrassano. Ed è potente: è il presidente del loro Stato-guida e ha il sostegno del popolo americano e dell'industria nazionale. È importante, forse fondamentale, dunque, che la pandemia colpisca gli USA. Per demolire Trump? Sta di fatto che il coro mediatico sui morti USA è così vasto da assordare. Peccato che non sia così efficace come avrebbe potuto: l'opinione pubblica di molti Paesi ha da pensare alle pandemie sue. Non sempre si possono acchiappare due piccioni con una fava.

Vediamo se l'evento organizzato dalla Johns Hopkins ci dà qualche risposta. Intanto si capisce che sono fissati con le pandemie. Hanno già fatto l'esercizio (come i bambini a scuola) "Atlantic Storm" nel 2005 per conto del governo USA, su un eventuale attacco bioterroristico[58].

Sospetto: poiché loro cercano e studiano come poter attaccare i Paesi non sottomessi attraverso il bioterrorismo, ma non ci riescono perché non hanno proprio capito come funziona "bio", cioè la vita, si aspettano l'attacco bioterroristico da un momento all'altro, secondo il detto "chi la fa, l'aspetti". Non erano loro che davano agli indiani le coperte infettate col vaiolo? A gente affamata, stanca, prigioniera, disperata, e quindi destinata ad ammalarsi e che così si ammalava gravemente e moriva. Per ora il bioterrorismo che funziona lo fanno le multinazionali farmaceutiche coi loro medicinali. Comunque, finora il FEM non

58 Cfr. https://www.centerforhealthsecurity.org/our-work/events-archive/2005_atlantic_storm/flash/index.html; https://www.ncbi.nlm.nih.gov/pmc/articles/PMC1369238/

era apparso negli "esercizi" della Johns Hopkins & Soci. E neanche la Fondazione Gates. Qualcosa sta cambiando.

Hanno uno "scenario" ed è questo: un coronavirus che sta nei pipistrelli, passa ai maiali e dai maiali all'uomo. Un virus che si trasmette più facilmente del SARS-CoV proprio perché in alcuni provoca lievi sintomi (!). Il virus inizia la sua carriera in un allevamento di maiali in Brasile e si diffonde nelle megalopoli del Sud America, poi vola in aereo verso il Portogallo (sì, perché in Brasile parlano portoghese e il virus così si troverà meno spaesato), verso gli USA e la Cina (?) e infine qui e là per il mondo. Siccome nel primo anno non sarà pronto il vaccino, si userà un antivirale (!). Il numero di malati raddoppierà ogni settimana e ci saranno tanti morti. La pandemia finirà dopo 18 mesi, con 65 milioni di vittime[59]. E avendo ottenuto, aggiungiamo noi, gli scopi che si prefissava. Ma che ancora non sono del tutto chiari.

59 Cfr. https://www.centerforhealthsecurity.org/event201/scenario.html

PER IL LORO BENE

Italia, lunedì 30 marzo al tempo del coronavirus.

"A casa fino a dopo Pasqua; India, fuga a piedi dalle città; contagi, rallenta la curva; piccole e medie imprese in trappola; chi soffia sul fuoco della rivolta; controllo a distanza, sospendere la privacy?; arriva il reddito di emergenza; piano di riapertura a tappe".

Si va avanti con la pandemia, evidentemente siamo ancora lontani dall'obiettivo. Il virus impazza, come previsto dalla "esercitazione pandemica". Saltellando di qua e di là è arrivato in India, e il governo di Modi ha chiuso, come l'Italia, scuole, attività industriali e commerciali, e ha fermato i mezzi di trasporto. Una catastrofe vera: milioni di pendolari si sono ritrovati senza lavoro e quindi senza un soldo e impossibilitati a ritornare a casa. Dopo essere stati picchiati dalla polizia perché protestavano, molti si sono messi in marcia a piedi per tornare ai loro villaggi; erano centinaia di migliaia e dovevano percorrere anche centinaia di chilometri. Ma è per il loro bene. La polizia indiana picchia con i bastoni quelli che vanno in due in motorino e, a caso, quelli che trova per strada. Li picchia per proteggerli dal virus. In India c'è la lebbra, la peste è endemica come la fame e la miseria, i fiumi sono fogne con l'aggiunta dei moderni liquami chimici, ci sono milioni di senza tetto a dormire per terra e morire per terra senza che nessuno ci badi, decine di milioni di miserabili che vivono in città di baracche, e Modi, come un buon padre, si preoccupa che non prendano il coronavirus.

Se gli esseri umani riescono a credere a tali insensatezze, allora la società di guerra e progresso ha davvero vinto, ha sbaragliato l'umana intelligenza, ci ha ridotti a mandrie da allevamento intensivo.

Chi soffia sul fuoco della rivolta? Purtroppo, nessuno. L'ultima chance, o creduta tale, che l'Italia ha avuto, il movimento Cinque Stelle, si è rivelata un fallimento. I suoi esponenti hanno mostrato di essere un branco di marionette opportuniste e cialtrone, e quelli che non lo erano sono stati cacciati o se ne sono andati; i residui sedicenti comunisti strillano che bisogna salvare i lavoratori dal virus, e quindi lasciarli rinchiusi a casa loro a guardare la televisione, che li confonde e terrorizza, mentre la loro fabbrica va in malora. A meno che non sia una multinazionale, che allora verrà adeguatamente risarcita e rimpinzata. Le piccole industrie chiuderanno e le minuscole non avranno neanche la cassa integrazione, chissà poi se la cassa integrazione l'avranno le altre. Certamente la FIAT-Ferrari sì.

Ed ecco che spunta il controllo a distanza. Se distruggi l'economia di un Paese e limiti pesantemente la libertà, devi aspettarti le ribellioni. E forse limitare le libertà era l'unico modo per evitarle finora. Spuntano i progetti di nuovi strumenti di controllo cibernetico. Ma sempre per il nostro bene.

In tutto l'inverno in Trentino è caduto il 48,4% in meno di pioggia. La temperatura del lago di Levico è di 4 gradi superiore a quella dello stesso periodo dell'anno scorso.

LA PANDEMIZZAZIONE DELLE NAVI DA CROCIERA

Italia, martedì 31 marzo al tempo del coronavirus.

"Dimezzato l'aumento dei contagiati, bonus di 800 euro; migliorano i dati sui contagi e i guariti; Conte: debito comune dell'UE; blocco fino a maggio; il virus frena, non si riapre fino a maggio; effetto divieti, giù i contagiati; contagi in calo, restiamo a casa; ci vuole tempo, l'Italia resta chiusa".

Le temperature sono di nuovo in calo, stanotte ha gelato. Siamo al 31 marzo e nevica nel Metaponto e nel foggiano. Addio grano, frutta, ortaggi. Tra il sole e l'ombra, tra la notte e il giorno ci sono fino a 15 gradi di differenza, all'inizio della primavera. Il clima in convulsioni.

Non un aereo in cielo, non un'auto sulle strade. Un silenzio come non c'era da più di vent'anni su queste colline. Sarebbe meraviglioso, se si potesse dimenticare che questo è il risultato della menzogna più grande dell'intera storia umana, e che dunque tutto ciò non è stato ottenuto per proteggere il pianeta né i popoli ma per ottenere un dominio illimitato sull'uno e sugli altri. Come?

Conte insiste, vuole, fortissimamente vuole, che tutta l'Europa si indebiti. Allora, esaminiamo i fatti. La presunta pandemia sta rovinando la nostra economia e danneggiando, a livelli più o meno gravi, quella degli altri Paesi pandemizzati. Più o meno gravi, perché molti non hanno mai chiuso le industrie, alcuni non hanno mai chiuso niente, altri hanno fatto un veloce chiudi-riapri. Ma, anche da noi, non sta rovinando tutta l'economia. Certamente tutti i piccoli commercianti, ristoratori, lavoratori autonomi, piccole e medie case editrici, librerie, teatri, fabbrichette, artigiani, albergatori, piccoli agricoltori che si sostentavano per metà con l'agriturismo, compagnie teatrali, musicisti rischiano la rovina totale o parziale; così anche molte industrie medie.

Ma possiamo senza timore mettere la mano sul fuoco che quei debiti nostri, che vogliamo far pagare a tutta l'Europa, serviranno a foraggiare la grande industria-finanziaria globale. E a confermarlo basterebbe l'intento del decreto "Cura Italia" che stanzia 2 miliardi e mezzo di *euri* per sovvenzionare l'industria crocieristica e Fincantieri. Sovvenzionata anche tramite l'affitto di due navi da crociera trasformate in ospedali di emergenza coronavirus (!?). Amazon sta riempiendosi la panza, la "logistica" continua alla grande (le frontiere sono chiuse ma non per le merci), la grande distribuzione non ha problemi, il settore sanitario prospera come non mai. Gli altri insaziabili del capitalismo globale stanno facendo un digiuno purificatore? In vista di più lauti pranzi? Un fatto è certo: qualsiasi attività locale, nazionale, autonoma diventa per loro concorrenza non più accettabile in tempi di crisi economica.

Dunque, rovinare l'economia locale e nazionale e far sì che gli Stati s'indebitino può essere la strategia adottata per impadronirsi di tutto il mercato e per farlo in fretta. Prima che la bolla esploda, che le crepe si allarghino irreparabilmente e che tutto l'edificio crolli.

Si dichiara che i contagi sono in calo ma che resteremo ai domiciliari sino a maggio. Un altro mese di galera. E se l'Europa accettasse di accollarsi il debito, cioè di legarsi al collo la pietra e poi buttarsi a mare, la pandemia, lo stato di emergenza e la "chiusura" finirebbero?

Lo sapevate che esiste un "Gruppo di lavoro internazionale per finanziare la preparazione" alle epidemie? No? Neanch'io. L'Impero globale e le sue componenti sono un budello di lunghezza incommensurabile. Nel gruppo ci sono la Banca mondiale, il Fondo monetario internazionale, Willis Towers Watson (multinazionale di servizi finanziari), McKinsey & Company (altra consulente finanziaria globale), l'Organizzazione mondiale della sanità, la Banca africana di sviluppo (sviluppo dell'Impero globale), la Wellcome Trust (fondazione "benefica" di Big Pharma più i servizi di sicurezza britannici), qualche ministero per l'Industria e il commercio, e, attenzione, la Blavatnik School of Government: una dépendance dell'Università di Oxford che si occupa di *«formare gli attuali e futuri capi politici»*. Avete capito? Credevate di sceglierli voi, i vostri capi politici[60]? Nel loro documento

60 Cfr. http://documents.worldbank.org/curated/en/979591495652724770/pdf/115271-REVISED-FINAL-IWG-Report-3-5-18.pdf

del dicembre 2017 preparano *«una proposta finanziaria, identificando le fonti del finanziamento, come impadronirsene e dove collocarle [...] spingendo Paesi a stanziare fondi»*. Ma, allora, è della nostra salute che si preoccupano o cosa?

LA PROFILASSI

Italia, mercoledì 1 aprile 2020 al tempo del coronavirus.

"Virus, ora siamo al picco; la beffa delle mascherine; la corsa ai 600 euro; Conte, soldi a imprese e a chi non ce la fa; raggiunto il picco; buoni spesa; imprese: 500 miliardi garantiti; ai malati farmaco killer; passeggiata genitore-bambino; il picco è arrivato; soldi alle imprese".

È arrivata la prima rondine e di notte gela. Affamata dopo il lungo viaggio, non si sa come farà a nutrirsi, dato che con questo freddo di moscerini nell'aria non ce ne sono. Coraggio, rondinella. Il primo papavero è fiorito con grande anticipo.

Gli *euri* che il governo, bontà sua, prevede di elargire ai lavoratori autonomi che non stanno lavorando, sono passati da 800 a 600 e hanno anche il coraggio di dire che c'è una "corsa". Conte promette come al solito e intanto, dopo aver provato con i malati non si sa di che, ma con coronavirus, un farmaco per la sclerosi multipla di una multinazionale americana, Biogen, hanno smesso e non conosciamo la sorte degli "sperimentati". Se sono morti, risultano deceduti per il coronavirus. Nella scheda tecnica del farmaco, Avonex, si precisa che *«il trattamento deve essere iniziato sotto la supervisione di un medico esperto della malattia»*, intendendo la sclerosi multipla. Ma, se non lo usi per la sclerosi multipla ma per una polmonite o simili, non c'è bisogno del medico esperto. Di che cosa, poi? Anche se dicono *«cautela nei pazienti con insufficienza renale o epatica»*, che magari nella maggior parte degli ultraottantenni si può dare per scontata, e la scheda riporta come possibili complicanze del farmaco *«funzione renale compromessa [...] danno epatico [...] malattie cardiache [...]*» e invita a «*monitorare strettamente reni, fegato, problemi cardiaci*»[61].

Dopo più di un mese di arresti domiciliari, i bambini hanno diritto all'ora d'aria. Non si sono scomodati a perorarla i difensori dei diritti umani, né Amnesty International né Save the Children con la sua pubblicità onnipresente, ma qualche associazione di pediatri con un po' di cervello e di cuore.

Tra i documenti dell'esercitazione pandemica Event 201 a disposizione degli interessati, documenti che devono anche dimostrare che i funzionari del dominio hanno fatto bene i compiti, si legge: «*L'immaginaria sindrome di polmonite acuta da coronavirus è un'infezione respiratoria acuta che può progredire in polmonite e in sindrome acuta respiratoria*». I profeti! E viene dai pipistrelli, il virus immaginario, tu guarda le coincidenze! Proprio come quello "vero". «*Il 50% dei malati necessita di ricovero, molti in terapia intensiva [...]. Il 14% dei ricoverati muore*». Che fantasia! E come somiglia alla realtà! Continua poi, l'esercitazione di pandemia immaginaria, dicendo che: poiché non c'è ancora un vaccino utilizzabile, si possono usare gli antivirali studiati per l'AIDS e tremendamente sottoutilizzati, **e si possono utilizzare addirittura per la profilassi, non solo per la cura!** Dunque, l'esercizio dei servi del dominio prevede di rifilarci gli antivirali, allo stesso modo in cui una volta i medici, che ancora erano medici, prescrivevano ai bambini gracili l'olio di fegato di merluzzo o il lievito di birra: come "profilassi".

Ciò che stanno usando davvero, in questa realtà che sembra immaginaria o un incubo, sono gli antivirali Kaletra e Remdesivir. Il primo «*deve venire prescritto da medici esperti nel trattamento dell'infezione da HIV [...] sono stati riportati casi di pancreatite in pazienti trattati con Kaletra [...]* ***può insorgere una reazione infiammatoria severa*** *[...] sono stati riportati casi di osteonecrosi [...] rari casi di blocco atrio-ventricolare [...]. Effetti indesiderati:* ***infezione delle vie respiratore superiori – molto comune; infezione delle basse vie aeree – comune***» (!). Tra gli

61 Cfr. https://www.torrinomedica.it/schede-farmaci/avonex/

effetti indesiderati comuni ci sono poi anemia e leucopenia, orticaria e angioedema, diabete mellito, neuropatia e molti eccetera[62].

Quanto al Remdesivir, la scheda tecnica non c'è perché non era ancora in commercio né sperimentato. Per ora hanno avvelenato un po' di macachi testandolo su di loro, ma l'Agenzia europea del farmaco ne è entusiasta e in alcuni ospedali "i nostri angeli" lo stanno già somministrando. È di una multinazionale americana, Gilead Sciences, che voleva con quello "trattare" (non usano più la parola "curare", evidentemente sarebbe troppo ipocrita anche per loro, o troppo compromettente) i malati di Ebola. Ma gli africani sono refrattari e pieni di superstiziosi pregiudizi (una nuova forma di superstizione nata negli ultimi decenni) verso i trattamenti farmaceutici delle filantropiche multinazionali occidentali e le benevolenti ONG, che fanno le sperimentazioni in Africa per il giubilo del capitalismo farmaceutico globale, che così risparmia un sacco di soldi. Sono convinti di non averlo, l'Ebola, e così il farmaco aspettava la sua occasione. Gli italiani, si vede, sono più adatti[63].

Quasi la metà delle specie di insetti sta subendo un crollo catastrofico, un terzo delle specie di insetti è a rischio di estinzione. Principale accusata è l'agricoltura industriale con i suoi veleni, detti "pesticidi". Si aggiunge il cambiamento climatico e la perdita di biodiversità e di habitat.

62 Cfr. https://www.ema.europa.eu/en/documents/product-information/kaletra-epar-product-information_it.pdf

63 Cfr. https://forbes.it/2020/02/28/coronavirus-cura-sperimentazione-antivirale-remdesivir-gilead-sciences/

L'ACCELERAZIONE DEL DOMINIO

Italia, giovedì 2 aprile al tempo del coronavirus.

"Non si può riaprire; Conte: convivenza col virus nella fase 2; nuovo decreto, Italia chiusa fino al 13; non è un Paese per bambini; piano per un test di massa che individui gli immuni; 600 euro, attendere prego; seicentomila mascherine cinesi non a norma; per i fornitori basta l'autocertificazione di "validità europea".

Si continua a rinviare la fine della pandemia politico-economica. Anzi, l'Incoronatovirus, primo attore sul palco della tragicommedia Covid-19 versione Italia, ci fa capire che non finirà mai. Si passerà a una nuova fase, la due. Quella dell'assestamento della dittatura? Ma non potranno deciderla i padroni suoi e del mondo, l'Impero capitalistico globale (ICG). Ci siamo anche noi, il popolo che, benché ridotto a mandria da allevamento intensivo, è pieno di esemplari ancora selvatici, dotati ancora d'istinto di conservazione e piuttosto battaglieri.

I bambini: chiusi tra quattro mura, intontiti davanti al televisore o a Internet, angosciati da una prigionia che non capiscono; privati di amici, nonni, zii, cugini; sempre più nervosi e impauriti mentre cresce l'ansia e il nervosismo di famiglie che vedono profilarsi al loro orizzonte la povertà; senza poter correre, giocare all'aperto, stare al sole e alla luce, essere bambini. E i loro genitori subiscono tutto ciò senza rendersi conto dell'enormità di questa imposizione, rintronati e confusi dalla paura generata dai media. Ma, se e quando si sveglieranno dall'incantesimo, che succederà? E se e quando si sveglieranno tutti coloro che non hanno potuto assistere i loro cari in ospedale, perché ai familiari era impedito l'accesso? Non hanno potuto stare loro vicino mentre soffrivano, mentre morivano; non hanno potuto assistere a ciò che accadeva loro in ospedale, e dopo non hanno nemmeno potuto vegliare i loro corpi, salutarli con una cerimonia funebre. Tutto questo col pretesto di un'emergenza "pandemica" di un virus che provoca il raffreddore, con decisioni arbitrarie e fuori da ogni controllo democratico. Attenti, ICG e suoi servi! Siete voi i colpevoli, tutto lo dimostra, i vostri atti e le vostre parole. Benché le prove siano ancora insufficienti, ne troveremo altre.

Intanto, gli indizi si accumulano. Per l'"emergenza pandemia" si cancellano le regole e i controlli sanitari sui prodotti importati. Le mascherine, che arrivano dalla Cina riempiendo intere navi portacontainer, hanno bisogno solo di un'autocertificazione del produttore che dica che sono a norma.

Certe cose si semplificano e altre si complicano; provate a iniziare un piccolo allevamento di galline ovaiole o a vendere le marmellate fatte coi frutti dei vostri alberi e ve ne accorgerete. Ma il produttore di mascherine è BYD (Build Your Dreams), una multinazionale cinese che dalle auto elettriche si è convertita seduta stante, come san Paolo sulla via di Damasco, a mascherine e disinfettanti per le mani. In un battibaleno, grazie alle infinite possibilità della Cina, dove gli operai fanno ordinariamente gli straordinari (magari non li chiameranno "straordinari"). Oppure BYD era già pronta e, visto che i suoi sogni se li costruisce da sé (come recita il suo nome per esteso), magari con l'aiuto degli altri compari del Forum economico mondiale, si stava già esercitando anche lei nella "pandemia"[64]?

Ecco che è cominciata la «accelerazione della spesa per investimenti e la poderosa opera di semplificazione» preannunciata un mese fa dal nostro monarca assoluto, Conte. Acceleratamente fanno il contratto con BYD, e un'autocertificazione semplifica ancora di più le procedure. *Et voilà*: 209,5 milioni di euro passano dalle nostre tasche a quelle... di chi? Capitalisti cinesi? Ma non solo. Warren Buffet detiene un quarto delle azioni di BYD[65].

---

64 Cfr. https://www.giornalediplomatico.it/Covid-19-mega-contratto-con-Cina-costera-a-Italia-oltre-200-milioni-a.htm

65 Cfr. https://www.cnbc.com/2019/11/07/buffett-backed-byd-signs-up-to-electric-car-partnership-with-toyota.html

Chi è questo figuro? Il Buffet Warren è un vecchio di novant'anni, proprietario presidente amministratore delegato di Berkshire Hathaway, una holding, cioè una cordata di multinazionali, in assoluto la più grande del mondo, con un fatturato annuo di 247,5 miliardi di dollari. Il Buffet è anche il consigliere fiduciario della BMGF (Bill e Melina Gates Foundation), i cui progetti filantropici stiamo vedendo in azione[66].

Novant'anni. Com'era quella storia di vendere l'anima al diavolo?

---

66 Cfr. https://www.gatesfoundation.org/who-we-are/general-information/leadership/executive-leadership-team/warren-buffett

L'INFORMAZIONE DELLA MASSA

Italia, venerdì 3 aprile 2020 al tempo del coronavirus.

"La Lombardia: lasciati soli; in Italia continua il calo; se vinciamo è grazie a loro (tre fotomodelli/e mascherati e 'cuffiati', una anche con maschera subacquea); *braccio di ferro sul decreto per le imprese; OMS: il vaccino arriverà a inizio 2021".*

Le temperature si sono alzate e nel frutteto, sugli alberi fioriti, ci sono nuvole ronzanti di api. Una cinciarella va e viene da una fessura nel muro del fienile: stanno già covando. L'aria è così limpida che il Monte Amiata si staglia netto nel cielo all'orizzonte come un disegno, e sopra i monti del Chianti non c'è più la striscia grigiastra dello smog sempiterno che sale dall'autostrada e dalla statale. Cosa si può fare con la paura! E invece la paura del cambiamento climatico e dell'inquinamento, che ci stanno uccidendo e che, se non li fermiamo, ci stermineranno, quella non c'è.

L'OMS ci annuncia il vaccino più rapido della storia della medicina. Certamente stanno ottenendo un sacco di cose, ma non sembrano così importanti e risolutive da giustificare la "strategia pandemica". Per ora i fatti sono troppo scarsi per darci una risposta decisiva sul movente. Allora dedichiamoci alle parole, e torniamo ai documenti di quei giocherelloni di Event 201.

«Comunicazione in una pandemia». Che è, dicono, uno dei punti critici per la risposta sanitaria. Sta succedendo purtroppo, dicono, che *«le informazioni veritiere sulla salute pubblica devono competere sempre più con i falsi messaggi che possono danneggiare la fiducia del pubblico negli interventi sanitari e nelle autorità sanitarie»* (scusate, ma loro non la conoscono proprio, la punteggiatura). Si preoccupano molto delle reti

sociali (*social media*), attraverso cui si diffondono informazioni false. Purtroppo, ci dicono, le campagne di disinformazione, come quella sulla sicurezza dei vaccini, hanno creato problemi, e così le voci circolanti in Congo sui loro medicinali per l'Ebola. Quindi, «*la disinformazione durante un'emergenza sanitaria è una minaccia particolarmente preoccupante*»; peccato che «*le soluzioni attuali per evitare la disinformazione sono limitate. Le piattaforme delle reti sociali hanno modificato i loro algoritmi per limitare la diffusione di false informazioni*». Avete capito? Ma si può fare di più: «*Cinquanta governi hanno preso misure che vanno da campagne sui media e sui siti Internet che replicano alle false informazioni a misure più estreme come* ***imprigionare gli utenti per aver diffuso notizie false***». Tuttavia per ora non dobbiamo preoccuparci troppo, perché «*censurare i contenuti delle reti sociali e negare l'accesso a Internet ha serie conseguenze economiche*». Però dobbiamo preoccuparci per il futuro che «*porta verso metodi draconiani per risolvere il problema*»[67].

Dracone era un legislatore ateniese vissuto circa sei secoli prima di Cristo. Gli ateniesi dicevano che le sue leggi erano scritte col sangue; un furtarello era punito con la morte. Atene era una "democrazia", ci dicono, perché si votava e tutti avevano gli stessi diritti. Ma non è vero: potevano votare e avevano tutti gli stessi diritti i cittadini ateniesi maschi; le donne, gli schiavi, i liberti no. Le donne erano, come è naturale, la metà della popolazione di ogni condizione; gli schiavi di ogni sesso si stima che fossero un quarto della popolazione, dei liberti si può immaginare che fossero almeno altrettanti. Quindi, ad Atene solo una minima parte della popolazione aveva il privilegio di vivere in democrazia.

Forse chi ha organizzato la pandemia sta pensando, *mutatis mutandis*, a una società su quel modello?

A volte le parole sono rivelatorie quanto i fatti.

---

67 Cfr. https://www.centerforhealthsecurity.org/event201/event201-resources/comms-fact-sheet-191014.pdf

FINE PENA MAI?

Italia, sabato 4 aprile 2020 al tempo cel coronavirus.

"Troppi fuori casa, più controlli; riapertura non prima di metà maggio; 200 miliardi per le imprese; anche Milano ha fame; mascherine sì o no; troppi in giro, divieti, controlli; prestiti alle imprese: lo Stato garante per 200 miliardi; OMS: usate le mascherine".

Soffia una tramontana indiavolata, che asciuga ancora di più una campagna già troppo secca per i primi di aprile. Il proverbio era "aprile, acqua un barile", prima del disastro climatico. Un gheppio si è stabilito nella nostra valletta; lo vediamo sospeso nel cielo battere le ali, gazze e cornacchie non si curano di lui. Vicino a casa c'è di nuovo una coppia di occhiocotti, era tanto che non ne vedevamo più. Stiamo potando gli olivi e non è facile: tutti gli olivi frantoio, che erano stati danneggiati dal ghiaccio due anni fa, hanno ora dei ciuffi intricati di ributti.

Le minacce delle autorità sono costanti, amplificate con zelo dai mediaservi. Più controlli. Si rischia solo una multa[68] e non si ha il dovere di pagarla, perché per instaurare una dittatura devi almeno dichiararla, e nessuna sedicente democrazia può obbligare la gente a stare chiusa in casa. Ma *el pueblo* ha paura; c'è chi ha paura del virus, chi della multa, chi dei vicini che, avendo paura del virus, vogliono

68 A partire dal 26 marzo 2020 la sanzione penale è stata eliminata e sostituita con una multa più elevata (400 euri). Rimaneva il penale solo per chi, positivo al coronavirus e confinato in quarantena, non rispettava l'obbligo di isolamento e usciva di casa.

che anche gli altri si rinchiudano come loro. Questi ultimi soffrono di un disturbo mentale ormai diffuso: l'incapacità a sostenere il dubbio, spedito quindi nell'inconscio per non affrontarlo, che la propria paura sia ingiustificata e di essere stati ingannati. Per cacciare il dubbio pretendono che tutti si comportino come loro, essendo destabilizzante per il loro precario equilibrio mentale l'esempio di chi non si lascia ingannare e segue l'istinto e il buonsenso. È esattamente il meccanismo che muove coloro che, essendosi vaccinati o avendo vaccinato i propri bambini con tutti i vaccini disponibili sul mercato, si scagliano contro quelli che non si vaccinano dicendo che li mettono in pericolo. Come se uno che salpa con il mare in tempesta dicesse a chi decide di restare a riva che, così facendo, provocherà il suo naufragio.

Possiamo uscire per le necessità che il governo (non sappiamo quale governo) ha deciso siano primarie: lavorare per chi ha la fortuna di potersi ancora guadagnare da vivere, comperare alimenti, comperare farmaci, andare all'ospedale ma solo se stai schiattando oppure starnutendo. Ci è anche consentito portare i cani a orinare e defecare per strada e correre per fare sport ma da soli. Camminare, non si sa. Tuttavia, siamo in troppi fuori casa. L'Italia è un Paese densamente abitato, forse stanno pensando di deportare una parte di noi in luoghi desertici, così potremo tenere distanze di chilometri tra l'uno e l'altro. I soldi alle imprese sono diventati prestiti: altri debiti ma lo Stato si fa garante, cioè si accolla gli eventuali debiti insoluti. Che bellezza! Ma lo Stato non dovevamo essere noi? L'OMS adesso dice di usare le mascherine. Si vede che ora le forniture sono pronte.

A proposito di maschere e travestimenti, continuiamo l'indagine sull'esercitazione pandemica Event 201. Decifriamo il capitolo «*Contromisure mediche. Situazione dei sistemi di distribuzione*».

«*Oltre ai vaccini, sono state esaminate terapie di anticorpi e antivirali per il trattamento delle infezioni da coronavirus. In questo scenario, una medicina immaginaria antivirale è Extranavir. Extranavir è usato attualmente per il trattamento dell'AIDS [...]. Può essere efficace nella profilassi* ***se somministrato per tutto il periodo di possibile esposizione al virus*** *[...] le forniture potrebbero trattare 26 milioni di pazienti, ma è possibile raddoppiare la produzione e permettere 52 milioni di trattamenti all'anno [...]. Se usato ampiamente nella profilassi saranno necessarie quantità molto* *maggiori*». E sai che colpo! Chissà come si stavano leccando i baffi, i loro mandanti, che hanno le stive piene di antivirali, sottoutilizzati perché i loro effetti "indesiderati" sono peggiori della malattia. Ma forse non hanno fatto i conti con l'oste; ci sono ancora troppi medici con il cervello e con il cuore. Devono aspettare di sostituirli con le macchine cibernetiche, che faranno una diagnosi digitale e prescriveranno farmaci secondo i "protocolli" economici di chi li produce. Straordinario, nel capitolo ammettono che i vaccini contro i coronavirus non danno immunità e producono danni: «*eventi avversi*». Così evidenti, dicono, che risulterebbero controproducenti. Ma anche qui gli "idealisti" del Forum economico mondiale, che vorrebbero i capitalisti globali tutti uniti nella lotta, non hanno fatto i conti con le caratteristiche del capitalista, selezionato da millenni di competizione per essere sempre più avido: tutti si sono lanciati nella corsa al vaccino, chi arriva prima vince.

Nel documento si occupano poi della produzione e distribuzione, che deve aumentare a ritmi accelerati. Qui il coronavirus sparisce, hanno fatto un errore, se ne sono dimenticati. Parlano di coordinare tutte le organizzazioni internazionali e le benevolenti ONG globali che distribuiscono vaccini, di cercare fondi per pagare vaccini e del fatto che tutto ciò (il mercato dei vaccini) è ostacolato da «barriere regolatorie» e dalla «mancanza di un mercato consistente»[69].

A volte le parole smascherano quanto i fatti.

---

69 Cfr. https://www.centerforhealthsecurity.org/event201/event201-resources/mcm-fact-sheet-191009.pdf

LA CRESCENTE OSTILITÀ

Italia, domenica 5 aprile 2020 al tempo del coronavirus.

"Lombardia, obbligo mascherina; sarà lunga; 15.000 morti; calano le terapie intensive; allarme seconde case; a Pasqua tutti a casa".

Anche oggi in Italia sono morte 485 persone di cancro.

Dobbiamo annaffiare l'orto tutti i giorni. Oltre a non piovere, il vento costante sta seccando erba e terra. Trent'anni fa cominciavamo abitualmente ad annaffiare a giugno; nelle mattine di primavera la rugiada copriva la vegetazione, intrideva il terreno, rendeva visibili migliaia di ragnatele: su ogni erba, ogni rametto di arbusto, tra gli aghi dei cipressi brillavano intrichi di minuscole, scintillanti goccioline inanellate lungo i fili delle ragnatele. Uno spettacolo consueto, ora molto raro e quasi dimenticato.

Gli obblighi continuano ad aumentare. Ci imbavagliano per decreti regionali e ci convincono a non sperare. Gli italiani non possono andare a rinchiudersi nelle seconde case, solitamente con più spazio all'aperto ed immerse nella natura. Come si permette, l'italiano, di cercare di alleggerire la prigionia comminatagli senza processo e sentenza? Per dispetto, lo Stato glielo impedirà. Non è che ci considerano degli esseri inferiori, i governanti dei nostri governanti e l'Incoronatovirus?

Proviamo a guardare cosa dicono di noi, magari tra le righe, quelli di Event 201.

Guardiamo le loro "raccomandazioni", che riguardano sempre la collaborazione tra pubblico e privato. La quale collaborazione a questo punto, direi, merita un titolo adeguato che gli daremo noi: "Istruzioni al pubblico, Stati e loro propaggini, da parte del privato, multinazionali-finanziarie globali e loro propaggini". Ecco che spuntano nel testo intitolato appunto «*Raccomandazioni*» due numerini che rimandano al FEM. Precisamente al progetto di un «*Acceleratore di preparazione alla pandemia*». Ma sono proprio fissati! Dicono che per una "effettiva preparazione" bisogna «*ottimizzare la* ***cooperazione pubblico-privato***» in tutti questi campi: viaggi e turismo, logistica e forniture, leggi e regolamenti, comunicazione, innovazione nella raccolta dati. E qui le tracce si fanno più marcate, forse ci avviciniamo al bandolo della matassa. Bisogna cercare le frasi/parole significative, che peraltro ripetono a ogni piè sospinto, e trovare quelle fondamentali.

Una è **globalizzazione.** Cosa ci dicono? Che vogliono mettere in atto la Globalizzazione finale. Come? Indovinate. Con la cooperazione pubblico-privato. Ci eravate arrivati, no? Le loro parole vanno setacciate: c'è una parte di polvere e una parte di grano. Il grano: «*dopo la crisi finanziaria globale* [del 2008, intendono] *una parte della società è diventata ostile, non solo verso i politici, ma verso la globalizzazione e il suo intero sistema economico [...]. Con sempre più elettori che chiedono di riprendere il controllo sui poteri globali, la sfida è restaurare la sovranità in un mondo che richiede cooperazione [...]. Per esempio, mentre i mercati aperti e l'accresciuta competizione producono vincitori e vinti, potrebbero accentuare le disuguaglianze a livello nazionale. Oltretutto, il crescente divario tra precari e privilegiati* ***sta venendo incrementato dal modello di mercato della Quarta rivoluzione industriale,*** *che spesso ottiene il suo profitto dal possedere capitali o proprietà intellettuali [...]* ***sono necessarie nuove norme*** *e politiche globali per salvaguardare la fiducia del pubblico [...] la nuova economia* ***ha trasferito milioni di lavoratori [...] alzato il livello di competizione tra le produzioni locali e il capitale [...] sta alimentando la sfiducia nei confronti delle multinazionali tecnologiche e del loro utilizzo dei nostri dati***». Lo vedete, a cosa serve la pandemia? Dicono di voler trasformare completamente il sistema: sanità, trasporti, comunicazione, produzione, distribuzione, energia, istruzione: «*costruire un'architettura di* ***governo globale*** *condivisa*».

Setacciamo: i governi devono seguire le istruzioni del capitale globale perché possa ottenere lo scopo di modificare radicalmente economia e società nella direzione di un aumento dei suoi profitti e del controllo sociale e politico, e possa farlo in fretta perché la crisi incalza. Un ostacolo al cambiamento radicale è la crescente ostilità al capitalismo globale, ostilità che il loro nuovo modello di mercato, aumentando il dominio e l'accentramento economico, è destinato ad incrementare. E quindi «*sono necessarie nuove norme e politiche globali per salvaguardare la fiducia del pubblico*» (!?)[70]. Cioè, salvaguardano la fiducia che noi popoli abbiamo (in chi?) attraverso delle norme? Quali? Forse quelle che stiamo vedendo all'opera? Non riunirci, non manifestare, non discutere collettivamente, non protestare, non votare, stare lontani l'uno dall'altro? Ma questa Quarta rivoluzione industriale, che aumenterà ancora di più le disuguaglianze, la disoccupazione, l'emigrazione (la chiamano "trasferimento", avete capito?), chi l'ha decisa? Per il bene di chi? È la "pandemia" l'acceleratore?

70 Cfr. https://www.weforum.org/projects/managing-the-risk-and-impact-of-future-epidemics

IL COLPO DI STATO

Italia, lunedì 6 aprile 2020 al tempo del coronavirus.

"Morti al minimo; ISS: è iniziata la discesa; Domenica delle Palme senza ulivo; Austria verso la ripartenza; riaprono i piccoli negozi; pronto l'ospedale in Fiera a Bergamo".

Secondo i dati di oggi dell'Istituto superiore di sanità, su 1290 cartelle cliniche di deceduti *coronavirati* dall'inizio della pandemia, i morti sono 42, perché solo 42 non avevano malattie croniche. Età media dei finora 14.860 deceduti: 80 anni. Ma tra i coronavirus-deceduti dei dati ISS ci sono anche dei centenari e, poiché non sappiamo che età avessero i 42 sani morti col coronavirus, se si trattava di persone di 100 anni forse sono morte di vecchiaia. Solo 186 si limitavano ad averne una, di malattie, 798 ne avevano tre o più. Dunque, il 62% aveva tre o più malattie (e s'intende malattie croniche) quando è deceduto; il 3,3% non aveva malattie croniche. E questa sarebbe una pandemia?

La Lombardia è stata la regione più colpita, anche se non sappiamo da cosa. Però adesso, in attesa ottimista dei coronabond (la Francia spinge insieme a noi), i morti sono al minimo. Come i motori in una nave nella tempesta. L'Austria, che è refrattaria al debito e alla propria rovina, sta già mollando gli ormeggi. Un altro "ospedale in Fiera": *adòs, adòs, ch'el muntùn l'è gros.*

«*Colpo di stato coronavirus*». Sui giornali italiani! Finalmente! Si vede che il troppo è troppo anche per loro. Ah, no! Ce l'hanno con il presidente ungherese Orban. Eh, ha fatto un colpo di Stato. Il Parlamento ungherese ha votato e approvato una legge che gli dà pieni poteri per un tempo illimitato e «*può governare a colpi di decreti, decidere un'eventuale chiusura del Parlamento, sospendere le elezioni, cambiare le leggi*». Inaudito!

Da noi Conte ha assunto i pieni poteri per un tempo illimitato, governa a colpi di decreti, il Parlamento è stato chiuso e i parlamentari mandati a casa, le elezioni regionali sono state sospese e le leggi cambiate, ma tutto ciò non lo ha nemmeno votato e approvato il Parlamento. Si vede che la differenza tra la dittatura e la democrazia è questa: far finta di niente.

Ieri era la Domenica delle Palme. Il nostro vecchio vicino, ora defunto, per sua fortuna in tempi pre-coronavirus, il sabato prima delle Palme portava sempre al parroco della nostra chiesa di campagna un fascio di rametti d'olivo. Lo avremmo fatto volentieri noi, adesso. Dico "la nostra chiesa" anche se non credo in Dio e non vado a messa. Ma, così come il parroco viene a visitarci a Pasqua e a Natale, ritenendo che, benché non credenti, facciamo parte della sua comunità, noi riteniamo che la parrocchia sia anche un collante per la comunità. Che i riti abbiano un senso che trascende qualsiasi chiesa e anche qualsiasi religione. E che il sacro sia fondamentale per l'essere umano e per l'umanità intera, se umani vogliamo restare. Ma i "giocatori" di Event 201 e i loro padroni, i globalisti dell'Ultimo impero, hanno tutte le intenzioni di distruggere ogni sentimento del sacro. Perché tutto ciò che esiste per essi deve rappresentare merce o potere, e allora non c'è più posto nei loro progetti per nessuna religione di nessun tipo.

La foresta di Chernobyl sta bruciando, il che vuol dire che sta bruciando materiale radioattivo, perché tutto ciò che di inerte o di vivo c'è in quella foresta è zeppo di radioattività. Ma vuole anche dire che bruciano migliaia di alberi, esseri viventi che hanno resistito a quelle radiazioni, che hanno rinnovato la vita, che con la loro esistenza ci proteggono e mantengono in vita. Ma non sapremo niente di loro, nessuno farà il conto dei loro cadaveri, e nessuno farà nemmeno il conto di quanti di noi moriranno prematuramente grazie alla radioattività che si alza in fumo e che poi da qualche parte ricadrà.

LA TERAPIA DELLA PANDEMIA

Italia, martedì 7 aprile al tempo del coronavirus.

"Per le imprese 400 miliardi; poveri morti nascosti; la vergogna del Trivulzio; aziende: corsa alla riapertura; a New York fosse comuni nei parchi".

Fa troppo caldo e troppo secco. L'inverno 2019-2020 è stato in Italia il secondo più caldo dal 1800, con una temperatura di 2,03 gradi in più rispetto alla media degli ultimi trent'anni. Mentre pioggia e neve si fanno sempre più scarse: 43% in meno rispetto alla media. D'altra parte, i climatologi prevedono entro qualche decennio la desertificazione delle aree mediterranee. Le imprese forestali e l'agricoltura industriale ce la mettono tutta per fare sì che accada.

I mediaservi riportano dichiarazioni a favore dell'ibuprofene per "trattare" la Covid-19; dichiarazioni dell'Agenzia europea del farmaco e affini. Dato che alcuni medici, invece, stanno facendo circolare "notizie false" sulla possibilità che aggravi, invece di curare, la malattia presunta da coronavirus, verifichiamo cosa dice la scheda tecnica. Ecco, dice molte cose, raccomanda «*non più di 3 g*»; per le persone anziane molta cautela e, tra l'altro, testuali parole: «*precauzioni quando si trattano pazienti anziani, generalmente più inclini ad effetti avversi [...]*» e tra questi ultimi troviamo «*maggiore probabilità di* ***disfunzione renale, epatica e cardiovascolare*** *[...]* ***perforazioni ed emorragia gastrointestinale soprattutto negli anziani*** *[...]* ***esacerbazione di infiammazioni correlate ad infezioni*** *[...]* ***studi clinici suggeriscono che l'uso di ibuprofene, specialmente ad alte dosi (2400 mg/die) può essere associato ad un modesto aumento di eventi trombotici arteriosi***». Tra gli effetti indesiderati: «***Molto***

***comuni: gonfiore della laringe interna con costrizione delle vie aeree, difficoltà a respirare** [...]»[71].*

Ma per capire perché stanno usando certi tipi di medicinali, dopo aver messo l'intera popolazione italiana agli arresti domiciliari, forse è meglio tornare al Forum economico mondiale. Ai Magnifici mille dai superpoteri e alla loro corte. Che, oltre a «modellare il futuro della sanità e della salute», si propongono di «Modellare una nuova architettura globale nell'era della Quarta rivoluzione industriale». E qui ci raccontano che i progressi della tecnica permettono ormai un balzo in avanti alla globalizzazione, e richiedono dunque di rafforzare la rete della cooperazione. Dicono che bisogna capire come stia cambiando profondamente il contesto del governare e del collaborare, perché tutto verrà trasformato dai loro nuovi investimenti: intelligenza artificiale, computer con apprendimento automatico, veicoli autonomi, droni, Internet delle cose, medicina di precisione e genomica, materiali avanzati, reti intelligenti, robotica e possesso dei dati.

La cibernetica al servizio del profitto e del potere, in una società disumanizzata e con un'umanità resa inabile di mente e di corpo.

I supergoverni che nessun popolo vota o controlla, come l'Unione europea e le varie emanazioni ONU, tipo la BM, il FMI, l'OMS ecc., e che tanto stanno facendo per sostenere e potenziare il dominio dell'Impero globale finanziario-multinazionale, e gli accordi multilaterali che tanto hanno fatto per distruggere le economie locali e ingrassare le finanziarie-multinazionali globali non bastano più? Sono troppo lenti? Adesso vogliono governare direttamente, senza più delegare ai politici.

«Al fine di ottenere l'efficienza e l'innovazione necessaria [...] i meccanismi di governo [...] dovranno spesso impegnare attori privati, sia delle compagnie multinazionali che del mondo accademico». Intendesi, ovviamente, quel mondo accademico al servizio delle multinazionali. Ed è esattamente ciò che stiamo vedendo con la dichiarata pandemia. Gli "attori privati" di cui parlano affiancano il primo ministro, da un lato e dall'altro, come guardie del corpo, o come genitori premurosi che controllano che il bimbo si comporti bene. I compari del FEM auspicano poi sempre

71 Cfr. https://www.torrinomedica.it/schede-farmaci/ibuprofene-dr/http

più facilitazioni e sostegno agli accordi economici globali, specie nei riguardi dei Paesi poveri, e lodano l'Accordo di agevolazione del commercio, che dal 2017 semplifica ulteriormente l'*import-export*. Chissà come sono contenti i contadini dei Paesi poveri, che vedono arrivare a prezzi competitivi il cibo industriale prodotto per conto e commerciato dalle "compagnie" multinazionali, e possono così scegliere se crepare di fame o rassegnarsi a fare anche loro gli schiavi delle suddette.

Nella loro idea di Globalizzazione finale-Quarta rivoluzione industriale c'è anche il progetto di catalogare il DNA di tutte le specie viventi sulla terra, "The Earth Bank of Codes" (notate che si tratta di una "banca" e non, per esempio, di una biblioteca o di un catalogo). Vogliono, che bravi, renderla accessibile per usi scientifici, però anche economici. Siamo certi che pure quelli scientifici faranno parte di progetti economici[72].

Per quel che riguarda l'intelligenza digitale e il *machine learning* o apprendimento automatico, su cui sono fissati, ci rimandano a un altro documento, *«Plasmando il futuro del governo tecnologico: intelligenza artificiale e apprendimento automatico»*, e qui c'è un brano che vale la pena di riportare parola per parola: *«L'intelligenza artificiale è la chiave della Quarta rivoluzione industriale. I suoi effetti si possono vedere nelle abitazioni, negli affari e anche negli spazi pubblici.* ***Nella sua versione robotica presto guiderà auto, lavorerà allo stoccaggio delle merci, si prenderà cura dei bambini e degli anziani*** *[...] è richiesta la collaborazione di tutte le parti interessate per [...] creare fiducia»*. Vedete, voi forse non avreste fiducia in una bambinaia robot, e nemmeno in una badante robot, ma le "parti interessate", giornali, televisioni, politica, esperti, vi convinceranno che sono meglio di bambinaie e badanti umane. Perché non dovrebbero riuscirci? Vi hanno convinto a stare in casa per mesi, a non avvicinarvi più a nessuno, a indossare una mascherina sintetica e a lavarvi le mani col gel tossico senza nemmeno sciacquarle, a non vedere per mesi le persone più care e a non guadagnare un euro. Perché non dovrebbero riuscirci? Fallirebbero solo se perdeste fiducia anche nei giornali, nella televisione, nei politici e negli "esperti" che compaiono in televisione e sui giornali[73].

72 Cfr. https://www.weforum.org/agenda/2018/11/globalization-4-what-does-it-mean-how-it-will-benefit-everyone

73 Cfr. https://www.weforum.org/projects/reimagining-regulation-for-the-age-of-ai

Una cosa che li affligge, i compari del FEM, sono le regole. Che devono cambiare. Quelle di adesso non vanno bene. Le regole nuove le devono fare i loro "esperti". Intanto, già è partito il "riconoscimento facciale" da loro auspicato, grazie alla pandemia che sta "reinventando le regole".

Dopo aver mischiato i cavoli e le capre con discorsi fumosi sul bene dell'umanità e del pianeta e dell'universo creato, alla fine restano solo le capre. Che, poverette, non farebbero niente di male a mangiarsi i cavoli, se non c'è altro in vista. Ma la banda del FEM è più simile a uno sciame di locuste, e quando parlano di *«Tecnologie avanzate e sicurezza internazionale»* non riescono a nascondere che si tratta di strumenti di controllo militare e di controllo repressivo in tutti i campi, e di protezione degli interessi commerciali dei brevetti. Infine, dopo aver fatto un bel discorso sul dovere, anche per le compagnie multinazionali, di pagare le tasse (in un sistema, peraltro, che le agevola in modo vergognoso), sentite qui: *«le compagnie hanno anche la responsabilità di assicurarsi di pagare la giusta quota, che potrebbe non corrispondere a quella risultante da una pianificazione fiscale multigiurisdizionale aggressiva»*. Capito? Gli Stati che vogliono far loro pagare le tasse, sono "aggressivi", e dunque devono aspettarsi delle reazioni. Lo decidono i compari del FEM quali sono le giuste quote per loro[74].

Vedete quanti moventi ci sono per la "pandemia". La democrazia è un impaccio per la Quarta rivoluzione industriale e la sua accelerazione. Anche gli Stati sono un impaccio. Si può cercare di rimediare partecipando direttamente al governo dei Paesi, per indirizzare ovunque leggi e regole su un'unica strada, come la "pandemia" sta permettendo loro di fare. E sembrerebbe confermarlo anche il loro ossessivo ripetere che "niente sarà più come prima". Ce lo dobbiamo mettere in testa. Non vogliono che cerchiamo di tornare a una vita di autonomia pratica ed economica, di umana comunicazione, partecipazione e, diocenescampi, opposizione e conflitto sociale. Non vogliono capre, nel gregge, solo pecore. Con tutto il rispetto per le pecore vere che, di fronte a un nemico, magari non lo affrontano, ma almeno fuggono.

74 *Ibidem*

L'IMPERO CHE ACCELERA

Italia, mercoledì 8 aprile 2020 al tempo del coronavirus.

"Fase due, turni per la riapertura; Conte alla UE: coronabond o niente accordo; riaperture, prima le aziende; Europa, nessun accordo".

Nel 2018, nel mondo sono morte 1.800.000 persone di tumore al polmone. In Europa, nel 2018, sono morte di tumore 1.900.000 persone. Ma non è una pandemia, come mai[75]?

Siamo ai primi di aprile e oggi ci sono 21 gradi all'ombra: in collina a cinquecento metri d'altezza, in mezzo agli alberi. Stanno già spigando le graminacee nei punti più assolati e siamo sempre e ancora costretti ad annaffiare l'orto tutti i giorni. Giova ripetere che trent'anni fa qui non era necessario neanche d'estate, si poteva farlo ogni due o tre giorni, confidando nella guazza mattutina e nelle piogge molto più frequenti. Nelle sere di luglio bisognava indossare un golf o una felpa, ma vicino ai fiumi e nei borri ci voleva anche la giacchetta. Alla festa de L'Unità, che ancora esisteva trent'anni fa e aveva ancora un senso, se non altro comunitario, e che si teneva nel prato vicino al torrente Massellone, bisognava portarsi una giacca di una certa consistenza.

Sono arrivate tre rondinelle, solo tre in tutta la nostra valletta. Benvenute!

---

75 Cfr. https://www.ansa.it/canale_saluteebenessere/notizie/sanita/2019/10/31/tumori-18-mln-di-casi-nel-mondo-in-2018-60-entro-il-2040_14e189fa-17ca-4f88-8f7d-9bb02ab77011.html

Per la riapertura ci vogliono i turni. Il primo turno è per le industrie chimiche, delle materie plastiche e dei computer; aprono anche le industrie del legno, quelle che riforniscono le centrali a biomasse, che producono cippato e pellet e lo esportano anche, che riforniscono l'edilizia. Per il vantaggio delle quali, in Italia, le leggi sul taglio dei boschi sono diventate così permissive che un tempo, solo pochi decenni fa, quello che oggi permettono sarebbe stato criminale. Riaprono dunque chimica, plastica, computer. Gli interessi e il potere dell'industria chimica e chimico-farmaceutica e dell'industria digitale-cibernetica sono quelli che ormai dominano i mercati e la politica. Direi che corrispondono oggi a ciò che erano gli interessi e il potere dei petrolieri e dell'industria automobilistica fino agli anni Ottanta del Novecento. E, come quelli, stanno sviluppando una società e una cultura adatta ai propri scopi. È ormai chiaro che questa "pandemia" fa parte della trasformazione epocale di economia e società da essi progettata e messa in atto: la pandemia serve ad accelerarla, come dicono francamente nei loro documenti. E hanno bisogno di accelerarla, perché l'Impero traballa. Ogni impero è destinato a crollare, una volta raggiunto l'apice. Poiché ogni impero è profondamente ingiusto e contro natura, il suo espandersi non fa che acuire le contraddizioni insite nei suoi meccanismi. La globalizzazione, liberando i flussi di merci da tutti gli "ostacoli" (come li chiamano i compari del FEM), cioè dazi e controlli, ha permesso di sfruttare popoli e risorse dei Paesi cosiddetti del terzo mondo in una maniera inedita, e li ha impoveriti e depredati come mai prima dei beni pubblici e di quelli privati, di terre e di acque e di sottosuoli; ha distrutto ogni loro industria e commercio attraverso la concorrenza sleale o addirittura gli "aiuti allo sviluppo", che li inondavano di merci a basso prezzo per il periodo necessario a distruggere la loro produzione agricola e industriale o artigianale. La conseguenza è stata il trasferimento delle produzioni manifatturiere occidentali in quei Paesi, dopo aver distrutto le industrie manifatturiere nazionali, e lo stesso vale per l'agricoltura. Il processo continua, sempre più velocemente, distruggendo il lavoro nei Paesi occidentali, poiché i lavoratori schiavizzati di Africa, Asia, America Latina divengono concorrenti loro malgrado dei lavoratori occidentali. Questo processo infine approda dove è logico, dove non può non portare la corrente di un simile processo economico e sociale: alla contrazione sempre più rapida dei consumi, al crollo economico del capitalismo. Evitato finora stimolando il debito e, con esso, gli investimenti di ogni dimensione. Anche questa effimera spinta si è esaurita. Ora ci provano con la "Quarta rivoluzione industriale", ma per essa la democrazia è un impaccio mortale. La pandemia serve anche a restringerla. La gente è sfiduciata e delusa dalla politica, ma crede ancora nella scienza. Anche perché nessun mediaservo l'ha mai criticata, la scienza. Il problema è che non esiste "una" scienza. Ce ne sono fondamentalmente due; ognuna poi avrà le sue sfumature, ma quelle non fanno la differenza. C'è la scienza libera e indipendente, al servizio del genere umano e della vita sul pianeta, e c'è la scienza finalizzata al profitto della grande industria e, naturalmente, anche al proprio. La prima è, ovviamente, povera di risorse economiche e di protezioni in alto loco; i suoi rappresentanti non appaiono in televisione, non vengono intervistati dai giornali. La seconda è ricca e potente ed è lo strumento di gente estremamente ricca e potente, fornita di mille risorse. È questa seconda scienza che ci convince che i medicinali di industrie come Glaxo, Merck, Pfizer, Bayer, Johnson & Johnson ecc. siano stati creati per il nostro bene.

LA VETERINARIA

Italia, giovedì 9 aprile 2020 al tempo del coronavirus.

"Altri quindici giorni di chiusura; negli USA 2000 morti in un giorno; riaperture per zona; ci prendono in giro; crolla ponte ad Albiano Magra".

Nella foto è tutto il viadotto che si è adagiato come carta sulla terra e in acqua dentro il Magra, povero fiume. La gente dice che da anni lo sentivano traballare sotto il passaggio delle auto, ma per l'ANAS era sicuro.

La lotta è dura, l'Unione europea non molla, e per rovinare artigiani, commercianti, piccole imprese ci vuole il suo tempo. Adesso sono gli statunitensi che devono cadere come mosche. Negli USA muoiono mediamente 7800 persone al giorno, ma adesso circa un terzo di queste i compari del FEM hanno deciso che muoiono per colpa di un coronavirus. Trump è l'osso che è andato per traverso al capitale globale; è il rappresentante di quel capitalismo nazionale ormai direttamente attaccato dall'impero delle finanziarie-multinazionali, e che reagisce. Sta ritirando le truppe USA dai teatri delle guerre iniziate dai suoi predecessori; sta ritornando agli accordi diretti, bilaterali, tra Stati; ha rimesso i dazi alle importazioni dalla Cina. Tutto questo fa di lui, oggi, il nemico numero uno, quello da abbattere a tutti i costi. Personalmente non ho nessuna simpatia per Trump, per un capo di Stato che nega i cambiamenti climatici e sovvenziona il petrolio da *fracking* ma, di fronte al capitalismo sovranazionale e alla dittatura che questo sta cercando di imporre, la resistenza di un capitalismo nazionale non può che essere benvenuta, dato che oggi esiste una minaccia più grande e più letale.

Indagando su un progetto delirante, come si sta rivelando quello della Quarta rivoluzione industriale realizzata (o accelerata, come dice la banda FEM) anche attraverso false pandemie, si rischia di passare per deliranti nello smascherarla. Conviene dunque portare più prove possibili, anche quelle indiziarie. E siccome gli "esperti", costantemente presenti sui mediaservi per "inondare con un flusso di informazioni" i cervelli, sono prove o indizi, diamo un'occhiata a una di loro.

Ilaria Capua, che ci parla dagli USA dove risiede. È stata direttrice del Dipartimento di scienze biomediche comparate all'Istituto zooprofilattico delle Venezie, poi direttrice del laboratorio FAO per l'influenza aviaria. È una "imprenditrice", parola sua, della sanità e *«ogni anno concorre con progetti per aggiudicarsi fondi europei e mondiali cercando di ottenere così i miliardi di euro indispensabili per la ricerca»*: parola del giornale «il manifesto» del 5 aprile 2013. Nel 2015, la Capua, veterinaria nonché deputata del governo Monti eletta nelle file di Scelta civica, **viene prosciolta per "non luogo a procedere" dalle accuse di: associazione a delinquere, abuso di ufficio, traffico di virus.** La richiesta dei PM, basata anche su intercettazioni telefoniche attuate nel corso dell'indagine dei NAS, usava queste parole: *«una pluralità indeterminata di delitti di ricettazione, somministrazione di medicinali in modo pericoloso per la salute pubblica, corruzione, zoonosi ed epidemia [...] per aver utilizzato virus altamente patogeni dell'influenza aviaria, di provenienza illecita, per produrre in forma clandestina specialità medicinali ad uso veterinario, procedendo successivamente, sempre in forma illecita, alla loro commercializzazione e somministrazione agli animali avicoli di allevamenti intensivi»*[76].

La Capua Ilaria, prosciolta, era ed è coniugata con tale Richard John William Currie, dirigente all'epoca della filiale italiana della Fort Dodge, azienda multinazionale di farmaci per animali, di proprietà della Pfizer. Tutti e due hanno brevetti registrati[77].

---

76 Cfr. https://espresso.repubblica.it/attualita/2016/07/05/news/capua-prosciolta-da-traffico-virus-da-intercettazioni-emerge-grande-business-1.276215; e https://espresso.repubblica.it/attualita/2018/04/10/news/ilaria-capua-nessuna-diffamazione-dell-espresso-1.320449

77 Cfr. https://patents.google.com/patent/EP1980268A2/3Den; https://patents.justia.com/inventor/richard-john-william-currie

MODELLARE, PLASMARE IL MONDO

Italia, venerdì 10 aprile 2020 al tempo del coronavirus.

"Italia chiusa fino al 3 maggio; l'Europa si sveglia, in arrivo 500 miliardi; non si riapre; niente coronabond; Conte resiste al pressing di Confindustria; UE, compromesso sugli aiuti; il virus non molla, la riapertura slitta; fosse comuni a New York".

Ecco un altro decreto dell'autonominatosi reuccio Incoronatovirus. Si continua a oltranza perché i coronabond non arrivano e ancora ci si spera, resistendo alla Confindustria che comincia a scocciarsi. L'Europa non molla e allora neanche il virus, e la riapertura slitta. Slitta, come succede quando si pesta una m... Ormai all'orizzonte c'è al massimo un compromesso: dicono, ma non c'è ancora niente di serio, 500 miliardi di debiti. Il destino dell'Italia è segnato?

Adesso a New York ci sono le fosse comuni. Come in ogni grande città. Perché in ogni grande città muoiono tutti i giorni persone troppo povere per pagarsi un funerale, e in ogni grande città vengono ritrovati tutte le notti e tutte le mattine morti non identificati che, dopo essere stati nei frigoriferi degli obitori per un certo tempo, se nessuno li identifica e li reclama, vengono seppelliti a spese del Comune e in fosse comuni. Ma, naturalmente, far vedere un'immagine lontana e indistinta, come se si trattasse di qualcosa di nascosto, e parlare di "fosse comuni" fa l'effetto desiderato, sui comuni cervelli.

Quando si comincia a esaminare la Quarta rivoluzione industriale, si scopre che a noi miseri mortali, chiamati "cittadini", "società civile", "popoli" ecc., non ci dicono proprio niente. O meglio, ci raggiunge la pubblicità del mondo futuro che i detentori del potere economico vogliono "modellare", "plasmare", dicono. Come fosse argilla bagnata nelle loro mani. Al FEM ne parlavano apertamente dal 2016, quando fu dato alle stampe il libro del fondatore e direttore del Forum economico mondiale, Klaus Schwab, tedesco, nato nel 1938, che nel 2011 ha fondato anche la "Comunità dei modellatori globali per migliorare il mondo", strumento del FEM[78].

Vi ricordate cosa vi insegnavano al catechismo? «*Dio creò il cielo e la terra [...] creò l'uomo a sua immagine; a immagine di Dio lo creò*». Ci troviamo di fronte a gente pericolosa che si è decisamente montata la testa. Lo Schwab è anche tra i dirigenti di molte imprese multinazionali e, naturalmente, insegna in varie università. «*Chi il proprio io non sa guidare, gode di più a guidare, come superbia gli detta, la volontà del suo prossimo*» (Goethe).

La prima idea è che nella società della Quarta rivoluzione industriale gli Stati devono essere cancellati, ma direi che prima *ex aequo* è quella che anche i lavoratori devono essere cancellati, e sostituiti dalle macchine. Non lo nascondono, dato che è impossibile, ma lo camuffano da futuro migliore per tutti; fidando nel buon lavoro dei mediaservi. **Parlano di veicoli autonomi, droni per il trasporto delle merci e in agricoltura, auto e camion senza conducente, aerei e treni senza equipaggio. Parlano di stampa in 3D, che è di fatto produzione di oggetti, manifattura realizzata completamente da macchine: dalla fabbricazione di turbine eoliche alla realizzazione di impianti medicali, circuiti stampati, cellule e organi (!), abbigliamento, calzature.**

Non vedono e non mettono limite ai loro sogni. Il problema è che li stanno realizzando. Parlano di robotica: «*I rapidi progressi nel campo della robotica faranno sì che l'interazione tra esseri umani e macchine diventi la regola*». Ciao ciao badanti, tate, donne di servizio. Ma anche, magari, madri e padri e nonni, i primi impegnati nei pochi lavori che le macchine non saranno in grado di fare, i secondi confinati in qualche casa di riposo di una catena di proprietà di una multinazionale della vecchiaia assistita dai robot. Non ridete perché non sto scherzando[79].

---

78 Cfr. https://www.globalshapers.org/story

79 Cfr. https://www.vieusseux.it/uploads/antologia/N68/EconimiaGiuntiniAntologiaVieusseux68.pdf; https://www.economyup.it/ >>

Nella Quarta rivoluzione industriale ci sono anche, evidentemente, i mitici "dati" e la cibersicurezza. Cosa vogliono farne dei lavoratori senza più lavoro? Visto che sono i nostri "modellatori", dobbiamo chiederlo a loro. Ma questo non ce lo dicono. Inanellano un po' di elucubrazioni su intenzioni etiche e sostenibili, senza alcun significato preciso: sono come i tic nervosi, ce le mettono per sembrare umani. Anche la Bayer-Monsanto parla di agricoltura sostenibile, mentre propaganda i suoi pesticidi e OGM. I fatti sono sotto i nostri occhi: tutte le industrie multinazionali e i loro prodotti (compresi quelli da noi acquistati) stanno distruggendo il pianeta; foreste e fiumi, oceani e atmosfera, suoli e animali, inclusa l'umanità. Una parte della quale, però, dà loro un grande aiuto in questa opera di distruzione attraverso i suoi consumi. E adesso paga pegno.

Torniamo allora al "pegno". Cosa vogliono farne di tutti quei tassisti, ferrovieri, operai, commesse, medici, infermieri, insegnanti, baristi, magazzinieri, camionisti, operai agricoli, contadini, spazzini, bambinaie, badanti, bancari che la loro Quarta rivoluzione industriale manderà a spasso? Non ce lo dicono, il che significa che ce lo stanno nascondendo. Dicono tutto sul futuro dell'industria, sui droni e i sistemi digitali e persino sui robot in forma umana e "dotati di empatia", sulle segretarie digitali, e ammettono che ci sarà un problema per la diminuzione dei posti di lavoro, e che bisogna risolverlo. Ma non spiegano come. E noi non riusciamo a credere che non ci abbiano ancora pensato, vero? Dopotutto, li conosciamo: sono quelli che organizzano attentati per avere il pretesto di fare guerre, invadere Paesi, cambiare regimi politici; sono quelli che hanno organizzato e pagato gli squadroni della morte in Nicaragua, l'ISIS per distruggere Libia e Siria; quelli che hanno preparato il colpo di stato in Cile. Certamente ci hanno pensato e qualcosa di ciò che ci aspetterebbe nei loro progetti lo vediamo già in opera: ai governi si delega la minaccia e la repressione, le elemosine per chi è senza lavoro, gli strumenti di controllo cibernetico che prospettano addirittura di incorporare in noi.

---

innovazione/schwab-wef-dal-lavoro-alla-genetica-cosi-la-4-rivoluzione-industriale-cambia-la-nostra/; https://www.cnbc.com/2019/01/16/fourth-industrial-revolution-explained-davos-2019.html

Migliaia di rondini e rondoni in migrazione dall'Africa verso l'Europa sono stati uccisi dalle tempeste di vento e pioggia che hanno colpito la Grecia. Sulle terrazze, nelle strade, sulle isole dell'Egeo erano sparsi i corpi di migliaia di rondinelle e rondoni morti. Non tornano più le rondini al nido.

I SICARI DEL FEM SONO TRA NOI

Italia, sabato 11 aprile 2020 al tempo del coronavirus.

"Scontri sugli aiuti europei; Conte all'Europa: così non firmo; Conte: eurobond o non firmo; task force con Colao; stop fino al 3 maggio e sfida UE; siete troppi, state a casa".

Le malattie infiammatorie autoimmuni colpiscono sempre più bambini nei Paesi industrializzati. In Italia, circa 70.000 bambini soffrono di psoriasi e circa 200.000 persone sono affette da malattie croniche infiammatorie intestinali (colite ulcerosa, morbo di Crohn)[80].

È una dura battaglia per l'Incoronatovirus, e siccome non vince si prolungano gli arresti domiciliari per il popolo italiano. Che ha il permesso di una mezz'ora d'aria ma, siccome siamo in troppi, c'è chi vorrebbe toglierci anche quella.

Adesso abbiamo "l'unità di pronto intervento" (task force). Ma allora stiamo proprio giocando alla guerra! Solo che bisogna capire chi sono i nemici e chi gli amici, o se ci sono solo nemici e il terreno di conquista siamo noi, *el pueblo*. Il capo dell'unità di pronto intervento è tale Vittorio Colao. Ma come ci è arrivato, il Colao, a dirigere il nostro Paese? Ed è ancora nostro, il Paese?

Esaminiamo i precedenti dell'individuo in questione. Il soggetto ha lavorato presso la banca d'investimenti Morgan Stanley, holding

80 Cfr. https://www.osservatoriomalattierare.it/altre-malattie-croniche/11744-malattie-infiammatorie-autoimmuni-in-aumento-i-casi-pediatrici; http://www.meyer.it/index.php/ricerca-e-innovazione/meyer-scienza/1234-i-bambini-e-il-boom-delle-malattie-infiammatorie-croniche-intestinali

bancaria con un fatturato di 38 miliardi di dollari; alla McKinsey (chi si rivede!), altra finanziaria globale di consulenza per le "compagnie", 10 miliardi di dollari di fatturato. È stato amministratore delegato di Vodafone Europa meridionale. Oggi Vodafone è di proprietà di Verizon, grazie a Colao che ne ha progettato il colpo, pardon, l'acquisizione e la vendita per 130 miliardi di dollari. Il Colao si è dimesso da Vodafone-Verizon nel 2018[81].

Verizon è una delle più grandi compagnie di telecomunicazioni al mondo. Il suo motto attuale: "Manteniamo la promessa di un mondo digitale". È proprietaria di Yahoo, Huff Post, TechCrunch. Nel 2019 rastrellava **1319 miliardi di dollari di entrate annuali**. E vuole "migliorare il mondo", come tutti quelli del FEM. Come mai abbiamo l'impressione che stia peggiorando? Vogliono e dicono di essere i primi nel 5G: «*Verizon ha realizzato la propria tecnologia 5G* ***per accelerare*** *e guidare lo sviluppo di uno standard mondiale del 5G*»[82].

Si capisce ormai chiaramente che il nostro monarca assoluto è anche lui impegnato nell'accelerazione tanto auspicata dal FEM; infatti ha affermato che il Colao, capo della banda, pardon, unità di pronto intervento per la fase 2 di che cosa non si sa (della Quarta rivoluzione industriale *de noantri*?), avrà il compito, testuali parole, «*di modificare le logiche dell'organizzazione del lavoro sin qui consolidate, di ripensare alcuni radicati modelli organizzativi di vita economica e sociale*»[83]. E siamo serviti. Voi pensavate di contare qualcosa, come cittadini e anche come lavoratori. Pensavate che l'organizzazione del lavoro si dovesse decidere coi lavoratori, come un tempo quando c'erano dei sindacati dei lavoratori; pensavate che la vita sociale dovesse deciderla tutta la società, pensavate di vivere in un sistema democratico, dove la gente potesse organizzarsi, dire la sua opinione, votare i propri rappresentanti, protestare contro le ingiustizie, modificare provvedimenti inopportuni. Vi sbagliavate. Non c'è più nessuno che

---

81 Cfr. https://www.money.it/Vittorio-Colao-biografia-guadagni-stipendio

82 Cfr. https://www.verizon.com/about/our-company

83 Cfr. https://www.primaonline.it/2020/04/13/304919/vittorio-colao-a-capo-della-task-force-per-la-ripartenza-ecco-tutti-i-nomi-della-squadra-che-coordina-la-fase-2/

rappresenti i cittadini in Parlamento, a parte un paio di parlamentari d'altri tempi, Sgarbi e Cunial; non ci sono più i rappresentanti dei lavoratori, ma solo dei burocrati pagati dallo Stato; non c'è più la democrazia perché è un ostacolo alla Quarta rivoluzione industriale e alla sopravvivenza del capitalismo globale; non c'è più nessuna mediazione politica per le stesse ragioni, e anche perché non c'è più nessuna lotta politica, e basta dichiarare la pandemia perché tutti (diciamo quasi tutti) stiano a casa tremanti di paura.

Il ciliegio nell'orto è un unico ronzio, sembra che parli. Il rumore è quello di un intero sciame di api, non fosse che tra i suoi fiori ci sono tanti tipi diversi di api e qualche farfalla. Assieme al ronzio si spande in tutto l'orto il suo profumo delicato. Una coccinella dorme su uno stelo di rapa.

CRISI DI IDENTITÀ

Italia, domenica di Pasqua, 12 aprile 2020, al tempo del coronavirus.

"Riaperture, Regioni divise; la terapia Colao; divieti, il Nord in ordine sparso; la curva risale; aiuti, zero euro; Pasqua in gita e salgono i contagi".

Le Regioni, ovvero i governi delle Regioni, oltre agli interessi globali, devono perseguirne qualche altro, compreso il proprio personale. In questo almeno siamo legati alle tradizioni nazionali. Invece dalle tradizioni ancestrali, come la Pasqua, ci siamo slegati. Quelli che dicono che gli italiani sono andati in gita, e che per questo salgono i contagi, hanno la sfacciataggine delle prostitute da trivio di una città portuale del terzo mondo. Gli italiani sono tutti chiusi nelle proprie case, non vanno a messa, nemmeno a dire una preghiera in chiesa, persino le uova di Pasqua sono dimenticate e chissà se hanno preparato il pranzo pasquale. Hanno paura, anzi, ne hanno tante: hanno paura del virus, hanno paura delle multe, hanno paura delle denunce dei propri compatrioti. La curva ora risale (come fa, se è una curva? L'italiano è una bella lingua, se chi scrive sui giornali l'imparasse...).

Intanto, ci pensa il Colao a curarci.

L'individuo sembra essere in questo momento a capo della banda locale. Si sospetta che stia trattando un'altra vendita, viste le sue capacità di intermediazione in affari concernenti grosse quantità di capitali: dopo quella di Vodafone a Verizon, quella di Italia a...? La terapia del Colao consiste infatti in: disponibilità di mascherine, gel (tossico), altri materiali definiti di protezione. Il Colao sembra essere sul punto di dare il via alla rapina. L'Italia comperi qualche centinaio di container di "prodotti sanitari" a base di plastica e chimico-sintetici vari, tanto per cominciare un percorso infinito di trasferimento della ricchezza nazionale sui conti correnti del capitale globale. Il Colao sostiene la realizzazione di un'applicazione digitale per telefoni cellulari smart, detta App, che dovrebbe "tracciare" i movimenti delle persone di essa dotate, e prescrive a tutti di dotarsene entro l'estate. Se ne deduce che un altro mercato che la banda del Colao intende sviluppare sia quello dei cellulari collegati a Internet e dotati di applicazioni mobili. Si rafforza il sospetto di una volontà autoritaria di tipo dittatoriale, sostenuta dallo sviluppo di nuove tecniche cibernetico-digitali. Per il rilancio della restante economia (essendo economia anche quella finora auspicata dal Colao, ma appartenente a chi, non è risaputo), il Colao afferma che sarà l'occasione per le nuove tecnologie e per *«ammodernare i modelli commerciali delle nostre imprese»*. E infatti il Colao è un sostenitore del 5G, in quanto permetterebbe, a suo dire, di curare i malati, controllare chi entra ed esce da un edificio, regolare le caldaie e simili. Queste sue affermazioni confermano i sospetti che la pandemia sia organizzata dalla associazione a delinquere FEM per ristrutturare il sistema capitalistico, rapinare tutti i settori economici che ancora non sono totalmente nelle sue mani, eliminare fisicamente la forza lavoro per sostituirla con sistemi e macchine cibernetico-digitali. A questo punto, il ruolo del governo, e anche quello della cosiddetta OMS e dei complici governi sovranazionali, si configura come quello di una banda affiliata ma sottoposta, con la funzione di eseguire le istruzioni della gang del FEM, principale autore e mente della pandemia in funzione della perseguita Quarta rivoluzione industriale[84].

Non è uno scherzo, anche se ci scherzo sopra .

Torniamo allora al FEM per capire la pandemia. E non dimentichiamoci la crisi del capitalismo globale.

Tra gli ordini del giorno del Forum economico mondiale, uno è focalizzato sull'identità digitale: ID2020. Il valore economico dell'Identità digitale è uno degli argomenti di quella che chiamano "intelligenza strategica". Strategia: *«Branca dell'arte militare che regola e*

---

84 Cfr. https://www.corriere.it/politica/20_aprile_29/coronavirus-colao-un-apertura-ondate-testare-sistema-l-app-entro-maggio-oppure-servira-poco-731741c6-8993-11ea-8073-abbb9eae2ee6.shtml

coordina le varie operazioni belliche in vista dello scopo finale». Dunque, l'identità digitale (2020 è l'anno in cui sperano di realizzarla?) fa parte della loro strategia di Quarta rivoluzione industriale.

Esaminiamo gli argomenti dell'ordine del giorno ID2020.

Aviazione, viaggi, turismo: ecco come potrebbero essere dopo la Covid-19. Sì, la pandemia è sempre presente nei progetti del FEM. Dunque, viaggeremo ancora, perché questo farà viaggiare i soldi dalle nostre tasche alle loro, ma non come una volta, perché "una volta" potevamo anche viaggiare senza dare loro un soldo. Dall'aeroporto all'albergo (non è previsto un mezzo di trasporto diverso dall'aereo per il viaggio) faremo il tragitto senza contatti, cioè in un'auto senza conducente, e poi ci saranno ogni sorta di macchinette per farci l'analisi del sangue, della saliva, misurare la temperatura eccetera. "***Apple e Google sono vicine a realizzare un programma informatico di tracciatura dei contatti** [...] **sviluppare delle applicazioni** [...] **strumenti di tracciamento e di screening sanitario** [...] **soluzioni integrate di identità digitale***». Ancora una volta profitti e controllo sociale. È di questa strategia che fa parte la pandemia[85].

C'è una vera e propria alleanza per l'identità digitale (come l'alleanza GAVI per i vaccini). Più sono e prima fanno. Si alleano, studiano strategie; chi ha detto «siamo in guerra»?

"Alleanza identità digitale ID2020". La dirigono: Kim Gagné, dirigente anche di APCO Worldwide, multinazionale di consulenza legale e mediatico-pubblicitaria e altro per le compagnie multinazionali; è stato consigliere legale di Microsoft, ma prima lavorava come funzionario del Foreign Office con il dipartimento di Stato USA. Prima ancora in una "azienda della legge" (le chiamano così ed è vero: fanno soldi difendendo e consigliando legalmente altre aziende), ed era specializzato *«nella difesa penale dei colletti bianchi e nelle complesse cause civili»*. Appunto, difendeva i dirigenti d'azienda e le industrie nelle cause che i cittadini danneggiati intentano loro. La direttrice esecutiva dell'alleanza per l'identità digitale è tale Dakota Gruener. Una specialista nel creare partenariati pubblico-privati. Avete pre-

85 Cfr. https://www.weforum.org/agenda/archive/digital-identity/

sente Atlantia? Tipica collaborazione privato-pubblico. Il privato guadagna, il pubblico riceve un affitto detto "concessione" e paga manutenzione e danni. È chiaro che questa "collaborazione" un po' di fiato lo dà, al capitalismo languente. Ma torniamo a Dakota, che ha il vizio delle alleanze: infatti ha lavorato prima a GAVI, come «aiutante di campo» dell'amministratore delegato[86]. Sono loro a definirla "aiutante di campo". Penso che dobbiamo prenderne atto: ci stanno facendo guerra, e la pandemia è l'attacco finale. Buona Pasqua!

---

86 Cfr. https://id2020.org/leadership

L'ANIMA DEL COMMERCIO

Italia, lunedì 13 aprile 2020 al tempo del coronavirus.

"Contagi e morti, la curva risale; la terapia Colao; i contagi salgono; via libera a 400.000 container".

Sui bordi del sentierino che scende nell'orto sono fiorite le orchidee selvatiche: due strisce folte e fitte che occhieggiano discrete tra le erbe varie e i fiori più vistosi. Sono fioriti anche il pero briaco e il cotogno; api e bombi a frotte passano di fiore in fiore, fanno un rumore come di vento.

Già si vedono certi risultati della pandemia-Quarta rivoluzione industriale: «*La logistica regge bene al colpo della Covid-19 e riesce anche a crescere*», dice con entusiasmo il giornale «Il Sole 24 Ore». E infatti è via libera per 400.000 container.

Un container porta mediamente sulle 25 tonnellate di merce, cioè 25.000 chili. I 400.000 container erano fermi per la chiusura dei magazzini delle grandi aziende industriali dal 22 marzo. Questo vuol dire che ogni venti giorni abitualmente si muovono nei porti italiani **dieci milioni di tonnellate di merci.** Che viaggiano su camion, navi, aerei, alla faccia della filiera corta e del cambiamento climatico. La logistica regge bene e cresce, come siamo contenti! E sicuramente lo deve a mascherine, gel disinfettanti, tamponi, tute sintetiche asfissianti, merci che prima si compravano sotto casa e che adesso la gente ordina su Internet, facendo viaggiare le navi, i camion, i container. E la logistica interessa tanto anche alla banda del FEM, è uno degli argomenti all'ordine del giorno, assieme all'identità digitale ID2020. Prevedono: «*cinque modi per digitalizzare la logistica ed esaltare il commercio*», perché *«espandere il commercio globale è essenziale per ridurre la povertà»*. Non ridete. E poi perché *«una responsabile,* ***accelerata*** *ed affidabile digitalizzazione può accrescere l'efficienza e* ***ridurre i costi per i mercati e per i partners in affari di tutto il mondo****»*. Ah, ecco, riduce la "loro" povertà! Ci vorrebbe uno studio psicologico apposito per capire qual è il motivo per cui non si sentono mai abbastanza ricchi. Dicono ancora che *«l'espansione del commercio internazionale è essenziale per lo sviluppo e la riduzione della povertà. Per andare incontro al primo obiettivo di sviluppo sostenibile dell'ONU, "niente povertà", dobbiamo ridurre le barriere commerciali, specialmente per i Paesi poveri»*. Adesso potete ridere. O battere la testa contro il muro, o andare a comprarvi un mitra, un bazooka, un carrarmato, a seconda del vostro temperamento. Da quando hanno globalizzato il commercio e cominciato a "ridurre le barriere", decine di Paesi che non erano poveri lo sono diventati, centinaia di milioni di contadini sono stati scacciati dalle loro terre e sono diventati, assieme ai loro bambini, operai ai limiti della sopravvivenza nei sub-subappalti delle compagnie multinazionali, che adesso, per ridurre la povertà, vogliono sostituire gli ultimi portuali, magazzinieri, trasportatori, doganieri, impiegati, tecnici con delle macchine. *«Un'unica identità digitale globale del commercio»* che *«elimini i costi della gestione di dati e documenti commerciali da parte di ogni azienda»*. Ciao ciao impiegati e contabili. *«Una rete di informazioni sulla logistica»*. Una sola per tutti. Idem, si risparmia. *«Ottimizzazione delle chiamate portuali»*, e bisogna ottimizzarle perché *«i cargo passano fino al 70% del loro tempo nei porti all'ormeggio»* e così, invece *«si riducono i tempi di inattività per tutti i protagonisti»*. Ancora non è pronta la tecnologia per sostituire gli equipaggi dei cargo con delle macchine digitali; che almeno non abbiano il tempo di andare a spasso una mezza giornata quando arrivano in porto! E poi vogliono effettuare i pagamenti del commercio globale senza soldi. Vogliono la valuta digitale e la criptovaluta. Soprattutto per il bene degli africani, dicono. Non ridete. Una valuta virtuale per pagare merci reali. Ciao ciao impiegati di banca. Adesso *«ci sono molti intermediari tra chi versa il denaro e chi lo riceve»*[87]. Certo, una banca di

87 Cfr. https://www.weforum.org/agenda/2020/02/how-the-global-logistics-industry-can-collaborate-to-increase-trade-and-reduce-poverty/

qua e una di là. Le banche, intese come edifici, sportelli, gente che ci lavora, sono inutili bocche da sfamare. Via anche loro. Viva la rivoluzione! Quella industriale, si capisce. Che vuole ridurre la povertà. O ridurre in povertà?

Non vi voglio irritare oltre, il succo l'ho già spremuto. Parlano a ogni piè sospinto di sostenibilità e di ridurre la povertà, mentre studiano come ridurre i loro costi eliminando quanti più lavoratori possibile. E, oltre ai lavoratori, vanno eliminate quelle che i compari chiamano "barriere", cioè qualsiasi legge che imponga delle regole nel commercio e nella produzione. Non c'è più posto per la mediazione politica, nella Quarta rivoluzione industriale. E come si chiama un regime politico in cui non c'è più posto alla mediazione tra interessi diversi? Si chiama dittatura.

Quanto alla sparizione della valuta corrente e del denaro contante, si conferma sempre più il sospetto che si tratti di un provvedimento fondamentale per imporre, appunto, la dittatura globale. Se poi non riuscirà loro, magari non sarà proprio globale, dipenderà dai governi che ci staranno.

LA SALUTE ARTIFICIALE

Italia, martedì 14 aprile al tempo del coronavirus.

"La scuola è finita; a Milano i contagi non calano; spostamenti regolati da una App; la Lombardia accelera, è già al lavoro; vietato uscire senza mascherine; cassa integrazione: un caos".

Ieri sera sono cadute due gocce di pioggia, non hanno bagnato neanche la polvere della strada. Le ragnatele grandi e piccole, che brillavano in tutta la campagna nelle mattine di primavera, quando la rugiada le imperlava, adesso le vediamo solo sui bordi delle strade, dove la polvere che le copre le rende evidenti.

Nel 2019 sono bruciati più di 20 milioni di ettari di foreste nel mondo. Per coltivarci la soia transgenica per nutrire gli animali da allevamento intensivo, per poter aprire miniere, per disboscare illegalmente, per stupidità, avidità, idiozia e con l'aiuto delle alte temperature, della siccità, dei venti ormai sempre burrascosi. Da mesi una nube di fumo si sposta intorno alla terra.

Nell'ordine del giorno ID2020 la sanità è, come sempre ormai, all'ordine del giorno. Tale Sundar Pichai afferma che l'intelligenza artificiale (dove è finita l'intelligenza naturale?) ci aiutarà a migliorare la nostra salute.

Chi è il Sundar Pichai? È uno statunitense nato in India, che ha studiato alla Stanford University. È passato anche lui dall'onnipresente società di consulenza finanziaria McKinsey & Co. E da lì è arrivato a Google, di cui è direttore esecutivo. Il suo "salario" è di 1.881.000 dollari annui. Il suo patrimonio netto è di 920 milioni di dollari, nel 2019.

Ma, se non è uno spendaccione, sarà già aumentato[88]. Meno male che almeno lui non dice di voler eliminare la povertà. Il Pichai ritiene che la salute migliorerà perché l'intelligenza artificiale e i computer quantistici (che Google e IBM stanno cercando di realizzare) **permetteranno di produrre migliori farmaci e prodotti biosintetici.** Alé! **E anche l'ambiente migliorerà, perché i computer quantistici permetteranno di produrre fertilizzanti chimici usando meno energia.** Potete ridere liberamente, ho riso anch'io.

Intanto, per migliorare il controllo dei superpotenti sul popolo, continuano a ripetere e pronosticare che gli spostamenti di ognuno saranno "regolati" da un'applicazione mobile che dovremmo tutti avere sull'Internet-telefonino, e pure quello lo dovremmo tutti avere. Vi è piaciuta la bicicletta? Pedalate.

---

88 Cfr. https://www.jagranjosh.com/general-knowledge/sundar-pichai-biography-education-and-salary-1575456594-1

DA VECCHI SI MUORE

Italia, mercoledì 15 aprile al tempo del coronavirus.

"Case di riposo sotto inchiesta; il Fondo monetario: è depressione, Italia maglia nera; il PIL mondiale va a picco; riaperture, la nuova mappa; un italiano su due va già al lavoro".

Ogni anno in Italia circa 900 donne sotto i 49 anni muoiono di tumore alla mammella. Le sostanze chimico-sintetiche nei cosmetici, dagli shampoo ai detergenti, sono una delle cause del cancro.

Adesso alla piccola Coop del paese nostro, oltre ad essere sorvegliati all'entrata e a dover indossare la mascherina quando si entra, bisogna mettersi i guanti di plastica prima di accedere: di plastica e usa e getta che però noi non gettiamo e riusiamo. Mio marito ha fatto presente al sorvegliante l'assurdità di tale imposizione. Replica: «Devono vendere un po' di plastica». Qualcuno non è fesso.

Oggi ho seminato le zucchine nei vasetti; le insalatine stanno spuntando e tutte le verdure piantate a terra crescono gagliardamente.

Le case di riposo sono sotto inchiesta perché i vecchi muoiono. Tenuto conto che, finché una persona, per quanto vecchia, è sana o relativamente sana ma comunque autosufficiente, in grado di intendere, camminare, vestirsi e spogliarsi e non incontinente, di solito non va a finire in una casa di riposo, non dovrebbe apparire così straordinario e degno di meraviglia che nelle case di riposo si muoia. Tenuto inoltre conto che ormai in molte case di riposo ci sono dei reparti, detti "hospice", in cui vengono ricoverati i moribondi, perché nel progredito ventunesimo secolo le famiglie mononucleari, in comunità disgregate e prive di aiuto pubblico (in questi casi non funziona il partenariato pubblico-privato), spesso non sono in grado di accudirli, non dovrebbe apparire così straordinario che i moribondi muoiano. Ma viviamo in un periodo "nonsense", come *Alice nel paese delle meraviglie*, sebbene lei in realtà non si meravigliasse di nulla, e allora non meravigliamoci neanche noi di come si possa turlupinare il popolo dicendo delle solenni boiate. Se le dicono tutti... Non ci hanno abituato da decenni a fare quello che fanno tutti? Siamo masse, allevamenti industriali. Per esempio, dire che "un italiano su due va già al lavoro" un tempo sarebbe apparso vergognoso e ridicolo, il suo significato non dichiarato essendo: un italiano su due non può ancora lavorare.

È depressione, ma non per tutti, per alcuni è stata la manna, per altri arriveranno vagonate di denaro. Così sperano i compari del "partenariato globale", che hanno forum, fondazioni e alleanze tutte tra di loro, e adesso diamo un'altra occhiata alla Alleanza ID2020: "ID2020 Alliance & Governance", l'alleanza per l'identità digitale, che così descrivono nei loro progetti: «*Un approccio olistico,* ***basato sul mercato*** *e che indica l'intera portata della sfida*». E che richiede una collaborazione globale. Cambiare il flusso dei fondi e agire tutti insieme, di concerto. Solo in questo modo sarà possibile attuare la Quarta rivoluzione industriale. Sapendo chi sono gli "alleati" e da ciò che essi dicono, si deduce chiaramente che l'ID2020 è una condizione *sine qua non* della da loro auspicata "rivoluzione industriale". A cui partecipano sia i sistemi di controllo (dati biometrici, rilevamento elettronico impronte digitali, applicazioni mobili, microchip sottocutanei ecc.), sia la sostituzione dei lavoratori con macchine di tecnica cibernetica e la sostituzione del denaro contante con denaro "virtuale", anch'esso strumento definitivo di controllo sociale e politico. Quest'ultima soluzione avendo un duplice scopo: svincolare le imprese globali da oneri e controlli che banche e Stati ancora impongono; mettere sotto controllo invece le spese e gli acquisti del popolo, **potendo condizionarli fino a scegliere cosa i cittadini possano o non possano acquistare ed eliminando così i residui settori del mercato locale che fanno concorrenza alle loro merci.** Fantascienza? Esattamente come il 5G, i robot in forma umana, i veicoli senza conducente e... popoli interi segregati per mesi, a cui è proibito ogni contatto fisico amichevole, umano; bambini a cui è impedito giocare.

Un vantaggio non secondario dell'eliminazione del denaro contante per un potere che intende trasformarsi in dittatura, è la possibilità di distruggere istantaneamente qualsiasi gruppo o individuo che ad esso si opponga, semplicemente bloccando ogni suo accesso ai "valori". Cioè bloccando il suo accredito virtuale al virtuale denaro. Difficile oggi tornare alle conchiglie o al baratto.

Andiamo a esaminare, dopo i dirigenti dell'Alleanza ID2020, chi sono i loro *«consulenti per l'ecosistema e la difesa»*. Sono un po' criptici, non è vero? Ma possiamo decifrare il linguaggio: per "ecosistema" intendono il sistema complessivo del mercato e delle sue implicazioni politiche, e come "difesa" intendono la difesa dei loro interessi da ogni possibile minaccia legale o politica.

Il primo è Andy Whitehouse, che ha fondato la multinazionale di consulenza Copperfield Advisory, la quale *«aiuta i mercati con servizi finanziari, beni di consumo, filantropia, tecnologia»* e anche *«in un'efficiente modalità fiscale»*. Capite? La "filantropia" aiuta i mercati, e naturalmente li aiuta anche "un'efficiente modalità fiscale". È stato capo della comunicazione alla IBM e alla McKinsey (nel mondo del capitalismo globale quest'ultima è più ubiquitaria dei coronavirus). Prima ancora lavorava col governo britannico: ministero della Difesa e dipartimento della Salute. Chi governa i governi[89]?

La seconda, Jennifer Jiang, è stata direttrice esecutiva di Bank of America Merrill Lynch, poi era a JP Morgan, dunque una dirigente in finanziarie globali. Cofondatrice di Blocktest, sistemi informatici per la finanza, per la raccolta dati, per i flussi di merci; più altre tre o quattro cosette simili[90].

Ai loro "seguaci" diamo un'acchiata generale, tanto è sempre la stessa zuppa. Direttori esecutivi di multinazionali dei prodotti cibernetico-digitali, che hanno lavorato per decenni in finanziarie globali e banche d'investimenti multinazionali, per compagnie di pubbliche relazioni impegnate a lavare il fango (eufemismo) che copre la faccia

---

89 Cfr. https://www.copperfield.nyc/andy-whitehouse

90 Cfr. https://everipedia.org/wiki/lang_en/jennifer-jiang

delle compagnie multinazionali, per organizzazioni di ricerca sanitario-farmacologica; dirigenti della GAVI, funzionari del dipartimento della Difesa USA, consiglieri americani delle politiche sanitarie in Uganda (!), esperti di servizi finanziari e digitali, dirigenti di banche come UBS, di aziende come IBM, gente del «Financial Times», di Morgan Stanley (banca d'affari e di fondi d'investimento di ogni tipo), esperti delle banche virtuali, dirigenti di Microsoft[91]. Non è fantascientifico anche il fatto che affermino di volere l'identità digitale per il bene dei poveri? Uno spiegamento di forze imponente per la rivoluzione cibernetica, economica, politica e sociale. Veicolata dalla "pandemia" da coronavirus.

Un altro importante effetto della "pandemia", sotto gli occhi di chi ha ancora occhi per vedere, è la scomparsa di ogni problema ambientale, compreso il cambiamento climatico. Le vere minacce per la nostra salute e sopravvivenza sono scomparse dall'orizzonte politico, mediatico, culturale e sociale. Vi ricordate che c'era un tempo, nell'era a.c. (ante-coronavirus), una campagna ambientale per eliminare gli imballaggi e i prodotti di plastica? Dato che mari e oceani a causa della plastica stanno soffocando, e così fiumi, laghi, terre e il nostro sangue e i nostri organi. Chi se lo ricorda più. La pandemia è il trionfo incontrastato della plastica: mascherine sintetiche, guanti usa e getta, scafandri e calosce usa e getta, schermi di plexiglas. Chissà come ridono di noi e delle nostre campagne "plastic free", quelli della banda del FEM. Si sono vendicati di tutte le ansie che gli abbiamo procurato.

91 Cfr. https://id2020.org/leadership

I PUNTI DI NON RITORNO

Italia, giovedì 16 aprile 2020 al tempo del coronavirus.

"La Lombardia vuole ripartire; Fontana: apriamo il 4 maggio; strappo Lombardia; la Covid-19 dilaga negli USA; già in funzione la App antivirus".

Il teatrino della politichina continua senza intervalli; si beccano come cocorite in gabbia, senza altro scopo che di prevalere al suo interno.

I nostri amici coltivatori calabresi di agrumi, che salgono al Nord a più riprese durante la stagione e vendono i loro prodotti ai gruppi di acquisto solidale e ai mercati contadini, date le regole dei decreti del gruppo oligarchico "reuccio-esperti al soldo delle bande multinazionali", non hanno potuto vendere le loro arance e i limoni e i mandarini biologici, che sono andati in malora. Anche i contadini cinesi del Hubei sono andati in malora. Quanti piccoli agricoltori nel mondo pandemizzato si sono trovati nelle stesse condizioni? Hanno buttato via cibo coltivato con impegno e fatica e si sono ritrovati senza reddito. Questo è uno degli scopi della "pandemia". Rovinare l'economia dei piccoli, quelli che ancora sfuggono in tutto o in parte alle grinfie del capitale globale. In Georgia, i contadini hanno manifestato contro il coronavirus-golpe, che impedisce loro di vendere i propri prodotti, e hanno distribuito gratuitamente ortaggi. Non avevano le mascherine, erano ammassati e spingevano verso i rappresentanti delle autorità che, unici, le avevano ma, da come i contadini urlavano loro in faccia, le temibili "goccioline" di saliva devono aver trapassato anche il tessuto sintetico. Ecco, i contadini della Georgia, è evidente, non credono alla colpevolezza del coronavirus. Forse perché sono degli "arretrati". Ma un po' di gente arretrata, nella massa "progredita" pare ci sia ancora. Le proteste serpeggiano, esplodono, si moltiplicano e intensificano. Non in Italia, purtroppo.

Un effetto collaterale della pandemia, sicuramente previsto, sicuramente cercato e voluto e indirizzato a forza, è il rinvio della conferenza ONU sul clima, COP 26. E, vedete, la conferenza sul clima è stata rinviata di un anno (!) per "salvaguardare le vite", ci dice l'ONU. Le vite di chi? Devono mettersi d'accordo con se stessi, dato che l'OMS prevede 250.000 morti in più ogni anno per i cambiamenti climatici. Altro che coronavirus! L'ONU è davvero una zuppa, anche perché non può evitare di avere come consulenti, per esempio sul cambiamento climatico e su tutti i fenomeni dove non siano coinvolti i "mercati", persone di valore, oneste, competenti. Come i climatologi, per citarne una categoria. Ma è una zuppa in cui le erbe velonose prevalgono, se non in quantità, in peso e grossezza, ed essendo velenose ci avvelenano.

Gran Bretagna e Italia avrebbero dovuto ospitare in ottobre la conferenza, e quindi a decidere il rinvio sono stati i rappresentanti dei due governi e il gruppo ONU sul clima. Casualmente, ci dicono che a rappresentare il governo britannico era tale Alok Sharma, Segretario di Stato per gli Affari, l'energia e la strategia industriale (!). Questo Sharma, prima di darsi alla politica e arrivare al governo della perfida Albione, ha lavorato nelle finanziarie globali, nelle società di consulenza legale e strategica globale e in banche d'investimento internazionali[92]. Come vedete, il partenariato pubblico-privato, con i privati direttamente al governo, in Gran Bretagna è ormai una realtà consolidata. La conferenza ONU sul clima era un intralcio da abbattere.

Avevamo otto anni di tempo per fermare la crescita dei gas serra e sperare di non raggiungere i punti di non ritorno del riscaldamento globale: dopo i quali la catastrofe si srotolerà inarrestabile per tutti gli esseri viventi del pianeta facilmente visibili a occhio nudo. Ma occorrerebbe davvero una rivoluzione: quella opposta e contraria alla Quarta rivoluzione industriale.

92 Cfr. https://news.un.org/en/story/2020/04/1060902; https://www.gov.uk/government/people/alok-sharma

GLI ANGELI DELLA MORTE

Italia, venerdì 17 aprile al tempo del coronavirus.

"Via libera per moda e auto; strage nelle case di riposo; il Nord non aspetta; morti al Trivulzio; tutti i nostri dati al governo; morti nelle case di riposo in Liguria; il Nord non guarisce ma vuole riaprire".

La potatura degli olivi prosegue, hanno cominciato solo ora a uscire dal riposo vegetativo e mettere foglioline nuove. Nell'oliveto ho raccolto anche il finocchio selvatico per condirci la pasta.

Si parla di ripresa per alcune aziende ma è tutto rinviato a dopo il 25 aprile. Le morti nelle case di riposo sono diventate "stragi". Si sa che la morte fa strage tutti i giorni e soprattutto di vecchi, per fortuna. Sembra davvero che tutti se ne siano dimenticati, altrimenti questi sarebbero titoli ridicoli di giornali ridicoli. Pensate, se non si morisse più per qualche anno, non ci sarebbe più posto per quelli che devono nascere.

Il 95% dei decessi **con** coronavirus avviene in persone sopra i 60 anni e con patologie di base multiple, dice l'ISS. Quindi avviene indipendentemente dal coronavirus. Persone anziane con molteplici malattie croniche è naturale che muoiano, e infatti lo fanno tutti i giorni e lo hanno sempre fatto. Se poi anche nelle case di riposo hanno aggiunto un po' di ibuprofene alla quota giornaliera di farmaci sintetici dei pazienti, più una bella quantità di amuchina e di cloro alle giornaliere pulizie, non ci sarebbe da meravigliarsi che un tot siano andati al creatore un pochetto anzitempo. Gli "angeli della morte"? Ormai le voci critiche sul "protocollo" usato nella cura di polmoniti e insufficienze respiratorie di ogni tipo attribuite alla Covid-19, si moltiplicano tra i medici.

Anche oggi faremo bene a proseguire l'indagine sul FEM e i suoi soci e alleati. Perquisendo i luoghi in cui si ritrovano, non si finisce mai di ritrovare.

L'Alleanza ID2020 e i suoi complici lanciano il programma per fornire l'identità digitale con i vaccini al loro incontro annuale a New York, in collaborazione col governo del Bangladesh e con GAVI. L'identità digitale è una registrazione computerizzata dell'identità di una persona, conservata in un registro digitale. Una possibilità di registrazione "affidabile e verificabile" è quella di registrare le impronte digitali, poi ce ne sono altre, come la scansione facciale o quella della retina, insomma l'importante è "la possibilità di provare chi sei". Perché lo devo provare? In tutta la mia vita mi è bastato dirlo, nessuno mi ha mai chiesto le prove; qualche volta ho dovuto mostrare i documenti, perché guidavo un'auto e i carabinieri avevano la necessità di presentare un tot di verbali. Allora, mettiamola così: perché i soci del FEM hanno bisogno di poter controllare l'identità di ogni essere umano sul pianeta? Torniamo al Bangladesh. In questa "sperimentazione" l'identità digitale viene usata per controllare chi ha ricevuto una vaccinazione. Ci pensa Simprints, una "compagnia" che vuole *«raggiungere più beneficiari, creare un impatto più grande, superare le sfide relative ai dati»*. Dicono e non dicono ma, se il cervello vi funziona ancora, dicono abbastanza per capire anche quello che non dicono. Parlano di dati biometrici, di controllo e uso delle impronte digitali, di applicazioni di identificazione mobili, e dicono che questo serve sia al controllo delle persone che a raccogliere dati su di esse. Dicono di sistemi di analisi dei dati, per utilizzarli in quantità sempre maggiori e a maggiore velocità. E questo può servire sia per organizzare la repressione che per organizzare il mercato[93].

Non avete idea di quanta gente stia mangiando grazie al progetto ID2020. Ci sono persino le ONG che si adoperano perché l'Africa riesca a *«sviluppare un robusto e responsabile sistema di identità digitale»*. Il Movimento ID4 Africa è *«guidato dalla necessità di stabilire identità*

---

93 Cfr. https://www.biometricupdate.com/201909/id2020-and-partners-launch-program-to-provide-digital-id-with-vaccines

per tutti, non solo come diritto legale ma anche come necessità pratica per rendere possibile un inclusivo accesso ai servizi in Africa»[94].

Ora, è chiaro ed evidente a tutti che ciò che manca agli africani è "una robusta e responsabile identità digitale". Qualcuno, particolarmente disfattista e importuno bastian contrario, pensa che agli africani manchi la libertà e l'indipendenza, dato che sono passati dal dominio del colonialismo a quello del neocoloniale capitale globale. C'è stato un piccolo intermezzo da Paesi non allineati e/o addirittura socialisti, durante il periodo della guerra fredda, ma chi se lo ricorda più. Colpi di stato, corruzione, assassinii politici, tradimenti, guerre hanno "felicemente" riportato l'Africa al ruolo di cantina sottoscala immondezzaio stanze della servitù forziere rapinabile del capitale globale. Ora, in questo ruolo, gli africani anelano a un'identità digitale. Cioè alla possibilità di venir tracciati e rintracciati qualunque cosa facciano, ovunque vadano. Da chi? Ma dalle autorità preposte, perbacco. Quelle in partenariato pubblico-privato con le multinazionali canadesi e australiane che aprono miniere d'oro grandi come una provincia, e riempiono i fiumi e le falde con il cianuro usato per estrarre l'oro, e che ordinano di sparare a uomini e donne disarmati che perciò protestano. Quelle che costruiscono smisurate dighe (Salini Impregilo ringrazia) per irrigare milioni di ettari di piante da biocarburanti, deportando duecentomila contadini dalle loro terre, laghi, fiumi e massacrando un po' di selvaggi che non volevano lasciare le loro foreste. Quelle che fissano il salario minimo a sessanta centesimi di dollaro al giorno, così le donne etiopi potranno lavorare nelle serre impestate di pesticidi facendo concorrenza alle donne keniote e rendendo felici gli schiavisti olandesi, che poi importano in Europa i fiorellini così convenienti. A quei deportati, a quegli avvelenati dal cianuro o dai pesticidi, a quelle donne etiopi è importantissimo fornire un'identità digitale. Così non sarà più necessario sparare loro, sarà possibile "tracciarli" e, se le tracce indicano che non si comportano bene, magari catturarli prima che possano far danno. Evitando inutili spargimenti di sangue. Vedete? E voi che non ci credevate, che fosse per il bene degli africani!

94 Cfr. https://www.id4africaevents.com/2020/partners

Ma, dato che in questi ultimi decenni non ci siamo interessati particolarmente al destino degli africani, né dei selvaggi nelle loro foreste, né dei contadini di tutti i Paesi impoveriti che venivano depredati delle loro terre e acque, né degli oceani svuotati e delle foreste rase al suolo, adesso tocca a noi. Dato che abbiamo mangiato Nutella-olio di palma, usato cosmetici-olio di palma, caffè e tè e cioccolato-deforestazione e schiavismo, senza neanche provare rimorso, adesso tocca a noi. Siamo stati parte attiva del problema e della crescita di un capitalismo globale sempre più avido e feroce, che ora per saziarsi ha bisogno di divorare anche noi.

Scusate la digressione, passo a fornire altre prove.

Ora l'Africa non c'entra, per cominciare la sperimentazione basta il Bangladesh. Notate che non si tratta solo di una sperimentazione sociale ma anche farmacologica: fino alla "pandemia" da ignaro coronavirus, era nei Paesi del terzo mondo, possibilmente, che sperimentavano su larga scala i medicinali. A parte quelli per la pressione, colesterolo, malattie autoimmuni e simili. Di solito la sperimentazione avviene in Africa e viene fatta passare come attività filantropica[95], ma il Bangladesh va bene anche lui, dato che il governo ha già istituito un ufficio apposito per la... "*collaborazione pubblico privato*" in tutti i campi, diretto addirittura dalla prima ministra[96].

Nel settembre 2017, il «Journal of Clinical Trials» dell'organizzazione mediatico-scientifica Longdom Org. con sede a Bruxelles scriveva che *«Il Bangladesh è un potenziale nuovo punto per ottimizzare le sperimentazioni cliniche a livello globale»*. Traduco: potete andare tutti lì a sperimentare lo sperimentabile, e vi riporto le prime righe del documento: *«**I bassi costi** dei test clinici e la possibilità di reclutare pazienti ignari **hanno indotto molte multinazionali farmaceutiche a condurre le sperimentazioni cliniche in Africa, Cina, India e zone dell'Eurasia.***

95 Cfr. https://www.who.int/news-room/detail/23-04-2019-malaria-vaccine-pilot-launched-in-malawi; https://journals.lww.com/aidsonline/FullText/2010/10004/The_last_decade_of_microbicide_clinical_trials_in.5.aspx; https://blog.longboat.com/clinical-trials-in-africa-challenges-and-opportunities; https://www.dovepress.com/conducting-clinical-trials-in-emerging-markets-of-sub-saharan-africa-r-peer-reviewed-fulltext-article-OAJCT

96 Cfr. http://www.pppo.gov.bd/

Tuttavia, *nonostante avesse un'ampia base di pazienti e diversi profili di malattie,* ***fino a tempi recenti il Bangladesh non poteva partecipare fruttuosamente ai test clinici globali per la carenza di infrastrutture cliniche di ricerca***». Vi ricordo che coloro che fanno le sperimentazioni cliniche su esseri umani "ignari", per guadagnare soldi facendoli risparmiare a Big Pharma, sono medici. Sempre angelici? Vi faccio anche notare che i Paesi poveri, oltre a fornire le cavie umane (lì non ci sono gli "ostacoli legali"), che non saranno né avvertite, né risarcite in caso il test vada male, si pretende che forniscano anche "i centri clinici di ricerca". I quali, oviamente, costano molto meno di quelli occidentali, e dove scienziati-medici-ricercatori (inchiniamoci alla scienza) faranno il lavoro sporco per Glaxo, Merck, Pfizer, Bayer e compari della banda armata[97].

Comunque, grazie al governo bengalese e al FEM con tutti i suoi subappalti, l'"identità digitale 2020" *«darà loro l'opportunità di usare i dati biometrici per aumentare la copertura vaccinale nei Paesi in via di sviluppo»*. Dicono che GAVI, l'alleanza per i vaccini, assieme alla tecnologia digitale di Simprints (azienda che studia come controllare il mondo coi computer) *«creerà l'identità digitale per i bambini da uno a cinque anni, assieme a una completa e accurata registrazione dei dati sanitari»*. Ma non ci dicono come. Prenderanno le impronte digitali computerizzate a ogni nuovo nato appena compie un anno? O gli metteranno un microchip sottocutaneo? E perché solo in Bangladesh o in Africa? Se riescono lì, la pandemia ha mostrato che possono riuscire anche qui[98].

---

97 Cfr. https://www.longdom.org/proceedings/bangladesh-can-be-a-potential-new-hub-for-global-cros-for-global-clinical-trials-56094.html

98 Cfr. https://www.gavi.org/news/media-room/gavi-nec-and-simprints-deploy-worlds-first-scalable-child-fingerprint

EMANCIPARSI DALLA LIBERTÀ

Italia, sabato 18 aprile 2020 al tempo del coronavirus.

"Fase due, scontro Nord-Sud; Italia, quanta fretta; la svolta digitale accelera; Gates finanzia la corsa italiana per la cura; occhio ai vostri soldi; contagi giù, la fase due ora è vicina".

Stamattina eravamo immersi nella nebbia. Questo è il risultato del grande sbalzo di temperatura tra il giorno e la notte.

Funziona perfettamente l'obbligo di rimanere distanziati, la gente si parla attraverso le maschere e alla distanza di due metri almeno. Due mesi fa avrebbero riso di ciò che sono adesso. Potenza della televisione e del suo codazzo di mediaservitù. Si potrebbero denunciare il governo, e tutta la combriccola degli "esperti" rivoluzionari della Quarta rivoluzione mentale oltre che industriale, per circonvenzione di incapaci. Nella società disgregata del mondo sviluppato milioni di individui, privi di un'eredità culturale e carenti di umana comunicazione, sono del tutto psicologicamente inermi di fronte all'indottrinamento quotidiano della "voce del padrone": i mezzi di comunicazione alla massa.

Adesso abbiamo lo scontro (si fa per dire) Nord-Sud. I politici del Nord sentono la pressione della Confindustria, quelli del Sud si accreditano sperando nelle grandi opere.

Quanta fretta ha l'Italia! «La Repubblica», dopo due mesi in cui i suoi galoppini di ogni ordine e grado hanno continuato a ricevere il loro lauto stipendio più agevolazioni varie, pensa che gli italiani che da due mesi sono senza stipendio o reddito, abbiano una disdicevole e poco dignitosa fretta di ricominciare a lavorare.

Attenti ai soldi, se ancora ne abbiamo, perché è ai nostri risparmi che puntano, e intanto la Fondazione Gates investe in Italia per produrre farmaci. Sarà perché in futuro costeremo meno degli altri.

Investighiamo ancora sulla svolta digitale-sanitaria. Bisogna risalire un po' indietro nel tempo, dato che nel 2012 già si parlava di microchip che rilasciano vaccini o farmaci. Sono cose che a noi nessuno racconta, magari mettono un trafiletto nella pagina "scientifica" del giornale, per cominciare ad abituarci all'idea, senza però voler rischiare di far nascere una discussione. Ma, siccome adesso il capitalismo globale è preda di una fretta incontrollabile, ha trovato la soluzione della psicopandemia per eliminarla, la discussione. Sul sito di VGXI, azienda sanitaria che produce e vende DNA-plasmidi (tutto si vende e tutto si compra), nel 2012 c'era un bell'articolo, pieno di entusiasmo, dal titolo: "Rilascio di vaccino da microchip. Non sarà più a lungo un fatto del futuro". Dopo un progetto di ricerca del MIT (Massachusetts Institute of Technology), la compagnia MicroCHIPS Inc. lo stava sviluppando. E la cosa bella, per gli psicopatici che occupano parte del mondo della scienza (ricordatevi la bomba atomica) e in toto il mondo degli affari, era che quell'accidente *«si può controllare da remoto attraverso un radiosegnale [...] quando il microprocessore decide di far passare la corrente attraverso una particolare membrana, la membrana si decompone in 25 microsecondi [...]. Il farmaco è quindi disponibile per essere prelevato nei capillari che circondano il dispositivo ed entrare nel flusso sanguigno»*[99].

I ricercatori del MIT ce lo confermano anche nel 2019. Parlano di vaccini sottopelle e di coloranti speciali rilasciati con il vaccino per testare la vaccinazione delle persone. Perché? *«Perché ogni anno la mancanza di vaccinazione provoca 1,5 milioni di morti evitabili, sopratutto nelle nazioni in via di sviluppo»* e questo, dicono, perché non c'è un'infrastruttura per raccogliere i dati medici. *«In zone dove vengono spesso persi i certificati di vaccinazione o addirittura non esistono, e non esistono*

99 Cfr. https://vgxii.com/microchip-vaccine-delivery-no-longer-a-thing-of-the-future/#

banche dati elettroniche, questa tecnologia può fornire la storia vaccinale del paziente per assicurare che ogni bambino sia vaccinato»[100].

A questo punto, vediamo di cosa muoiono i bambini africani, oltre che della dissenteria provocata dal latte in polvere della Nestlé.

«Nel 1996 la Pfizer doveva attuare la fase di sperimentazione umana per un medicinale che prevedeva sarebbe stato un campione d'incassi: un antibiotico ad ampio spettro in pasticche. Lo sperimentò nella bidonville di Kano, con una missione umanitaria». Undici bambini "sperimentati" con lo Pfizer antibiotico Trovan morirono, molti altri, nessuno ci dice quanti, rimasero paralizzati e ciechi. Il medicinale fu ritirato dal mercato[101].

Dunque, i bambini africani, come potete intuire, muiono per tre motivi fondamentali: il primo è che nascono e crescono nelle baraccopoli come quella di Kano, con tutto ciò che ne consegue; il secondo è che quelli nati nelle campagne spesso sono denutriti a causa del cambiamento climatico e della rapina delle terre africane da parte dei "rivoluzionari" del FEM; la terza è a causa dei medicinali che i suddetti "rivoluzionari" sperimentano su di loro. L'ultima cosa di cui hanno bisogno i bambini africani è la sperimentazione di vaccini attraverso microchip, però ne hanno bisogno le multinazionali farmaceutiche e quelle del digitale.

Comunque, è più probabile ormai che li sperimentino su di noi. Hanno potuto agevolmente sperimentare, su pazienti presunti affetti da coronavirus, l'efficacia di farmaci considerati pericolosi e da usare con cautela anche nella cura di gravi malattie autoimmuni, perché non andare avanti con gli italiani?

Però, secondo il giornale «La Stampa», dal punto di vista economico non dovete preoccuparvi. Oggi infatti questo giornale ci parla di un "reddito universale" garantito dalla svolta digitale che accelera (ma come gli piace questa parola ai padroni de «La Stampa», che fanno parte dei gregari nella banda del FEM e naturalmente adeguano il linguaggio a quello dei loro capi). Detto reddito universale lo abbiamo già visto all'opera in molti Paesi. Un sussidio di disoccupazione,

100 Cfr. http://news.mit.edu/2019/storing-vaccine-history-skin-1218

101 Cfr. https://www.independent.co.uk/news/world/africa/pfizer-to-pay-16350m-after-deaths-of-nigerian-children-in-drug-trial-experiment-1663402.html

almeno all'inizio della Quarta rivoluzione industriale, ci vuole senza meno, per tutti quei lavoratori dipendenti o autonomi a cui sta già togliendo il lavoro con la "rivoluzionaria" pandemia, e prospetta di toglierlo definitivamente e cronicamente con la rivoluzione tecnologica finanziata dagli Stati, cioè dalle tasse pagate in passato dai suddetti lavoratori. E pure da quelle che verranno imposte sui loro risparmi: parlano già di patrimoniale per tutti. Poi, quando gli ex lavoratori si saranno abituati a essere disoccupati e sempre più poveri, esattamente come si sono abituati alle mascherine, ai guanti di plastica e a non socializzare più, si potrà vedere se e come utilizzarli nelle residue mansioni che le macchine non sono in grado di svolgere o, semplicemente, in cui le macchine costerebbero di più degli uomini. Così, la tecnologia ci renderà liberi.

IL DIAVOLO FA LE PENTOLE

Italia, domenica 19 aprile 2020 al tempo del coronavirus.

"Riaperture, il governo frena; un lavoratore su due chiede aiuti subito; le Regioni: riapriamo il 27. Conte dice no; fase 2: la frenata del governo; Conte blocca le Regioni; Monti: il MES ci vuole e Conte ha dimostrato capacità".

Una pioggerellina leggera ha dato un po' di ristoro alla campagna. Le tre rondinelle girano nel nostro cortile, stanno cercando un luogo dove fare il nido; è probabile che una di loro sia figlia degli altri due ma perché non ha un compagno? Quante rondini non sono tornate? Teniamo spalancata la porta della lavanderia, dove un tempo avevano fatto i nidi: un tempo, quando c'era una piccola colonia di rondini su questa collina. I codirossi stanno facendo il loro in una nicchia del capanno degli attrezzi, il cui ingresso abbiamo ridotto mettendoci una pietra, proprio nella speranza che qualcuno vi facesse il nido. Ha funzionato.

Il governo frena ma non sappiamo più chi sia il governo, a parte l'Incoronatovirus che Monti elogia perché ha dimostrato la capacità richiesta dal capitalismo globale: sta rovinando il paese e consegnandolo, con tutti i suoi beni, nelle mani tese delle finanziarie-multinazionali. Però, diciamocelo, sarà anche merito suo, ma non ha dovuto sforzarsi molto: il popolo italiano ha dimostrato di voler collaborare. È tendenzialmente obbediente, basta fargli paura: fai il bravo, se no viene il coronababau. E, se c'è una percentuale che non collabora e vorrebbe caricare a corna basse, ci pensano gli altri italiani: state a casa, incoscienti disobbedienti. Però... però a volte il popolo italiano riserva delle sorprese. Vediamo se riuscirà a sorprendere anche il reuccio e quelli che dietro il sipario gli agitano braccia e mani, parlano con voce propria aprendogli e chiudendogli la bocca.

Diciamo che il movente, anzi i moventi, sono ormai chiari, e i colpevoli identificati. Ora cerchiamo di descrivere la loro personalità attraverso la disamina dei comportamenti messi in atto e dei discorsi decrittati dai loro documenti. La cupola che dirige la rete capitalistico-criminale che ha messo in atto la pandemia, il Forum economico mondiale, tra i punti all'ordine del giorno ha, per esempio: «*Ecco come il grande ripristino della Covid-19 può aiutare le aziende a costruire un futuro sostenibile*». Bisogna premettere che loro usano la parola "reset", che può significare ripristino ma anche ristrutturazione, azzeramento e ricostruzione. Fate un po' voi, il significato sembra chiaro, visti i fatti a cui presiede. In questo ordine del giorno il capo di Unilever è l'esempio massimo del capitalismo buono, che si preoccupa della società e dell'ambiente. Devo ricordarvi cos'è Unilever? I suoi prodotti sono inquinanti, tutti prodotti chimico-sintetici estremamente tossici, dai cosmetici alla margarina; è in testa alla lista delle multinazionali da boicottare di tutte le associazioni oneste che si occupano di ambiente e diritti dei lavoratori e delle comunità; sversa mercurio nelle acque indiane, deforesta il Borneo per avere olio di palma da schiaffare dentro tutti i suoi prodotti, sfrutta i lavoratori nei Paesi del terzo mondo in una maniera davvero insostenibile[102]...

Ma non è la sola per cui vengono spese tante buone parole di elogio, ce ne sono anche per i direttori esecutivi di ENEL, Apple, Marks & Spencer. Tutti impegnati nella "sostenibilità", con tanto di foto e video del capitalismo buono. La verità, però, come dice il proverbio, sta in una pentola senza coperchio, solo che bisogna trovarla in mezzo a tutto quel ciarpame. Poche frasi, ma non potevano mancare: «*Attuare la più ampia collaborazione dell'industria per risolvere problemi complessi.*

---

102 Cfr. https://www.weforum.org/agenda/2020/05/the-covid-19-reset-sustainability/; https://www.greenpeace.org/international/press-release/7621/nestle-unilever-pg-among-worst-offenders-for-plastic-pollution-in-philippines-in-beach-audit/; https://www.foodmanufacture.co.uk/Article/2020/03/31/Plastics-pollution-Coca-Cola-Nestle-Unilever-and-Pepsico-under-scrutiny; https://www.theguardian.com/environment/2017/jul/21/pepsico-unilever-and-nestle-accused-of-complicity-in-illegal-rainforest-destruction

Tale collaborazione, spesso con gli antichi rivali, aiuterà a creare il cambio di sistema che è necessario per il pianeta e per la gente, ***ed è necessario anche per i mercati*** *[...]. Problemi come la deforestazione, l'inquinamento delle falde,* ***l'ottenere minerali dal Congo possono essere risolti solo da un consorzio, nel quale ogni membro deve superare gli interessi parziali e pensare al bene collettivo***». Decrittazione: «Siamo in braghe di tela, se continuiamo a pensare ognuno ai soldi suoi e a farci la guerra l'un l'altro, rischiamo grosso; dobbiamo fare un programma comune e a quello attenerci anche smussando rivalità e competizione tra noi».

Infatti è quello che in fondo dichiara in questo ordine del giorno anche Paul Polman, ex direttore di Unilever ora mascheratosi da licantropo, pardon filantropo, eco-compatibile: «*Non abbiamo il necessario livello di cooperazione* ***a livello di governo globale***». Oplà! Le è caduto qualcosa, mister Polman! I gioielli dell'assassinata democrazia! Il governo globale, dicono i nostri licantropi, deve essere delle "aziende" (intendesi naturalmente quelle del FEM e subappalti loro), che ancora, però, non riescono a fare cartello in maniera proporzionata alla grande sfida del sopravvivere quando ci si sta decomponendo[103].

A proposito, chi è che ha scritto l'edificante messaggio-lavaggio all'ordine del giorno sul sito FEM? Tale C.B. Battacharya, che insegna "Sostenibilità ed etica degli affari". Decrittiamo: come incrementare gli affari e i profitti, nascondendo le colpe dietro una cortina di fumogeni rosa-verdi, aiutati da ONG e fondazioni licantropiche. Il Battacharya è stato consulente di: Allianz, Bosch, Eli Lilly, Hitachi, Procter & Gamble, Timberland, Unilever e consimili; scrive e parla su «Forbes», «Financial Times», «The Economist», «The New York Times» e alla BBC. L'elenco non finirebbe qui, ma ci diamo un taglio. Un uomo per tutte le multinazionali. Tanto, la musica non cambia: sostenibilità, responsabilità e bla bla[104]. Diciamo che la tirata, non particolarmente impegnata, del Battacharya ci mostra come il capitalismo globale sia preoccupato della propria impopolarità, che sta crescendo a livelli insostenibili, esattamente come la sua avidità.

103 Cfr. https://www.business.pitt.edu/people/cb-bhattacharya

104 Cfr. https://www.weforum.org/agenda/2020/05/covid-19-taking-gaming-and-esports-next-level/

In un altro punto all'ordine del giorno i "pensatori" al servizio del FEM ci dicono che *«la Covid-19 sta elevando il consumo dei videogiochi e la visione degli eventi sportivi su schermo digitale [...]. La pandemia ha sviluppato questo settore che, si prevede, porterà il proprio mercato a 159 miliardi di dollari entro il 2020. L'industria sta puntando ad aumentarne l'uso, specialmente su telefono cellulare smart»* e sta anche affannandosi a creare eventi sportivi virtuali. *«Abbiamo direttori, produttori, ingegneri radiofonici e giocatori professionisti che stanno tutti lavorando per creare l'eccitazione e la qualità di un evento dal vivo»*.

Hai capito, l'etica? Siccome prevedono di tenerci chiusi e separati *ad libitum* loro, stanno studiando come guadagnare, ma sempre per il bene di qualcuno, dalla nostra clausura e solitudine: che finora ha aumentato i profitti di Nintendo e cospecifici[105].

Almeno questi dei videogiochi parlano chiaro.

E questi invece no: altro punto all'ordine del giorno: *«Ecco come i leader religiosi possono aiutare a* ***ricostruire*** *un mondo migliore dopo la pandemia»*, e giù una sbrodolatura di amore, speranza e carità. Ma... ecco la pentola, guardiamo al suo interno: *«Fare leva sulla fiducia nelle organizzazioni religiose [...] perché [...] in tempi di cambiamenti duri e rapidi [...] la fiducia è di importanza capitale [...]. Aggiungere la nostra voce alla* ***Grande Trasformazione*** [proprio così, maiuscolo] *[...] questa pandemia non è solo una crisi sanitaria, è anche una crisi di fiducia* ***in molte delle affermazioni, sistemi e istituzioni che ci hanno deluso*** *[...] ma con la fiducia tutto è possibile [...]. Al lavoro [...] tutti insieme»*. Tutti insieme, come prevedevano i soci della banda FEM: nella pandemia, dicevano, saranno importanti gli esperti e i capi religiosi. E ce lo conferma l'autore del capitolo sovraccennato: padre Augusto Zampini Davies, argentino, che in Vaticano si occupa dello Sviluppo, un settore che riguarda economia e finanza, e altre cose più opportune per una chiesa ma queste due vengono per prime. Il "padre", che ha studiato legge all'Università Cattolica di Buenos Aires, all'Università di Bath, alla Roheampton University di Londra e a quella di Cambridge, e che dal 2004 insegna in diverse università in Argentina e Gran Bretagna (potenza della fede!), ha anche lavorato come avvocato presso la Banca

105 *Ibidem*

centrale argentina e presso la Baker & McKenzie. Quest'ultima è una multinazionale di consulenza legale per i "mercati", cioè per le altre multinazionali-finanziarie globali, e ha un fatturato annuo di 2 miliardi e 920 milioni di dollari[106]. Le vie del Signore sono davvero infinite? Direi, piuttosto, che sono finite[107].

Pensate che nel suo "pezzo" per la strategia del FEM ha avuto il coraggio di citare Francesco d'Assisi.

Ed ecco il clou del "futuro sostenibile e responsabile": la finanza digitale. «*La Covid-19 sottolinea l'importanza della finanza digitale nei mercati emergenti*». Cosa serve ai "mercati emergenti"? L'eliminazione dei soldi veri; dato che ne hanno pochi, facciamo sparire anche quelli e sostituiamoli coi "soldi immaginari o virtuali". Immaginare non costa niente e uno può anche immaginare di essere ricco mentre lavora dall'alba al tramonto per sessanta centesimi di dollaro al giorno. «*La finanza digitale ha una capacità unica di estendere l'inclusione finanziaria, migliorare la vita quotidiana della gente*». Aspettate a ridere. Dicono che la gente bloccata in casa ha usato Internet come non mai, e questo ha fatto crescere il mercato dei dati e quello del consumo dei servizi Internet. Vedete come è migliorata la vita? E qui ritornano di nuovo allo sviluppo digitale, all'analisi dei *big data* e all'intelligenza artificiale: «***Ma la cosa più importante è che, mentre il mondo intero si sposta verso una realtà nuova, ci sarà un'abbondanza di opportunità post-pandemiche per i mercati [...] quando la gente si accorgerà che i prodotti digitali che ha usato durante l'emergenza forniscono importanti servizi***»[108]. Questo è il succo: comperare attraverso Internet, riunirsi attraverso Internet, divertirsi a pagamento attraverso Internet, pagando con denaro virtuale attraverso Internet e il telefono cellulare smart.

---

106 Cfr. https://www.bakermckenzie.com/en; https://en.wikipedia.org/wiki/Baker_McKenzie

107 Cfr. https://www.weforum.org/agenda/2020/05/covid-19-coronavirus-pandemic-faith-radical-change-social-entrepreneurs-vulnerable-populations/; https://www.vaticannews.va/it/papa/news/2020-04/papa-francesco-nomina-zampinicastero-sviluppo-vaticano.html

108 Cfr. https://www.weforum.org/agenda/2020/05/covid-19-importance-mobile-solutions-emerging-markets/

Proseguiremo domani, per un giorno solo è davvero troppo: san Francesco d'Assisi evocato da un consulente finanziario delle multinazionali e del Vaticano, le Chiese arruolate nella Quarta rivoluzione industriale mascherata da pandemia mentre il pianeta soffoca: ci vuole un po' di tempo per digerirlo.

IL PANE QUOTIDIANO

Italia, lunedì 20 aprile al tempo del coronavirus.

"Ecco le regole per riaprire; virus, quanto manca all'alba; regole severe per le riaperture; avvoltoi sull'Italia; UE, Conte pensa al voto; Fincantieri guida l'esercito dei nuovi rientri in fabbrica".

I primi tre mesi del 2020 sono stati il secondo trimestre più caldo da quando si registrano le temperature. L'aumento delle temperature degli oceani nell'ultimo anno ha causato un esteso sbiancamento dei coralli. Che significa morte: abbiamo perso ormai più del 30% delle barriere coralline a causa del riscaldamento climatico e dell'inquinamento; migliaia di specie marine vivono solo lì, milioni di abitanti delle coste dipendono dalle barriere coralline. Senza di esse l'erosione delle terre costiere a causa delle tempeste oceaniche accelera a velocità impreviste e imprevedibili.

Le regole per riaprire non permettono di riaprire: non ai commercianti ed esercenti di piccoli negozi e servizi. Ma sono regole per il nostro bene, perché non si venga a contatto col virus. Intanto le finanziarie-multinazionali stanno già spogliando la vittima non ancora morta: acquistano quote, inglobano aziende.

La banda del FEM, impegnata nella filantropia, si preoccupa di prevenire una crisi alimentare da Covid-19. Perché? Abbiamo mangiato di più, innervositi e seduti davanti al televisore o a Internet? Si stanno esaurendo i cibi tossici che *el pueblo* consuma in questi casi? Hanno finito l'olio di palma per le merendine patatine Nutella cioccolatini biscottini? In che modo il disgraziato virus, che non fa aumentare l'appetito né la popolazione, può essere la causa di una crisi alimentare e mettere a rischio la produzione di alimenti nel mondo? Che anzi, fino adesso sono piuttosto stati buttati via dai contadini georgiani, da quelli cinesi del Hubei, e anche da una parte di quelli italiani che non potevano più mettere il banco al mercato. Ed ecco, infatti, che qualcosa scappa loro (non sono così furbi come credono); scappa loro detto delle locuste che, grazie al cambiamento climatico che ha permesso a detti insetti di riprodursi a tappe forzate, hanno distrutto completamente i raccolti dell'Africa orientale. Ma da quest'ordine del giorno alimentare da Covid-19 salta anche fuori (decisamente un compitino insufficiente) che si è determinato un surplus di alcuni prodotti alimentari. Perché, riflettiamo noi, la chiusura di bar, ristoranti, alberghi ha ridotto la quantità di cibo sprecato ogni giorno, quantità che era enorme nei Paesi ricchi. E allora? In un mare di ipocrisia rivoltante sui "poveri", viene a galla la verità: ciò che li preoccupa è quello che chiamano "protezionismo". Si tratta del fatto che alcuni Paesi, importanti produttori di cereali, vedendo come il cambiamento climatico stia mettendo a rischio i raccolti, abbiano deciso di proteggere i propri popoli, sia dalla mancanza di cibo sia dalle speculazioni finanziarie sul cibo che i componenti della banda FEM sono pronti ad attuare, e tanto più in caso di penuria, di cui approfitterebbero per alzare i prezzi. Per proteggerli, hanno deciso di limitare o bloccare le esportazioni di riso o di grano. Questo è appunto il "protezionismo" che tanto paventano i capitalisti globali. Dicono di preoccuparsi che questo limitare le esportazioni faccia alzare i prezzi. Lo dice anche la Banca mondiale! Peccato che siano proprio loro a decidere i prezzi; possono limitarli semplicemente riducendo i propri profitti. Risate.

Invece quello che vogliono è un «***coordinamento politico globale per impedire che il protezionismo alimentare diventi la nuova normalità***». Facciamo attenzione a questa frase particolarmente significativa: invocano un coordinamento politico globale, che significa condizionare la politica a livello mondiale; ne consegue che vogliono condizionare la politica della maggior parte degli Stati per impedire che facciano quello che credono dei propri prodotti alimentari. Dunque, per imporre delle leggi che espropino gli Stati della propria agricoltura? O per appropriarsi di tutta la produzione agricola, imponendo leggi insostenibili per i contadini autonomi e indipendenti[109]?

109 Cfr. https://www.weforum.org/agenda/2020/05/preventing-a-covid-19-food-crisis/

Per finire, faccio un piccolo esempio in più di come "pandemia" e FEM siano strettamente connessi. Oggi come oggi i vari settori dei loro piani strategici elencati e spiegati sul sito di propaganda del capitalismo globale, si riferiscono in gran parte alla psicopandemia. Esempio: «*La collaborazione è il motore della scienza globale specialmente per i Paesi in via di sviluppo*». Che bella cosa, la collaborazione; che prevede, nei loro piani, l'accessibilità ai dati scientifici. Sono davvero degli illuminati, questi del FEM: dati scientifici a disposizione di tutti per fare tutto e soprattutto merci accessibili solo alle multinazionali. Tutti i dati accessibili per loro, tutta la produzione e il mercato inaccessibili per gli altri. Come da pandemia. Ci fanno anche un esempio pratico: i ventilatori polmonari. Un gruppo di ricerca del MIT, il solito Massachusetts Institute of Technology, sta studiando come realizzare dei ventilatori a basso costo; hanno quindi divulgato i loro studi e così un altro gruppo di ingegneri indiani, anche loro a basso costo e che si dedicano allo sviluppo di robot, ha potuto spostare la propria dedizione nel cercare di sviluppare ventilatori polmonari[110]. Adesso che la "pandemia" ha creato il mercato.

È questa la collaborazione che piace alla "cupola" FEM. La competizione sfrenata a produrre per primi qualcosa, al prezzo più basso possibile per fare concorrenza ai competitori. Tutto ciò vorrebbero farlo passare per filantropia. Gli ingegneri progetteranno i ventilatori a basso costo e venderanno il loro progetto al mercato. I "mercanti" multinazionali faranno produrre al minor prezzo possibile la loro merce-ventilatori e la venderanno in tutto il mondo, facendo in modo di creare il mercato per essa.

Ovviamente, non si costruisce una pandemia, con quello che costa di studi e progetti e prebende, solo per vendere ventilatori polmonari. Però, nella Quarta rivoluzione industriale bisogna approfittare di tutto. Un vero peccato che si sia dovuto accelerare i tempi. Si poteva prepararla persino meglio.

---

110 Cfr. https://www.weforum.org/agenda/2020/05/global-science-collaboration-open-source-covid-19/

DIFFICOLTÀ DI MODELLARE

Italia, martedì 21 aprile 2020 al tempo del coronavirus.

"Meno malati; l'Italia che guarisce; Napoli può già ripartire; Prato, rivolta dei tessili: noi adesso riapriamo; per Conte missione UE".

Stamattina mio marito, in coda per fare la spesa, chiacchierava con una vecchia conoscente, che gli ha detto di avere idee omicide: non crede alla pandemia e non vede la figlia e il nipotino da quasi due mesi. Chissà chi sogna di uccidere. Nel pomeriggio, sotto una pioggerellina che scrosciava a tratti e non potendo potare gli olivi bagnati, siamo andati a fare una lunga passeggiata. Abbiamo visto le due solite capriole, madre e figlia, che stazionano nei dintorni dall'autunno scorso. Erano sul pendio della vigna dei vicini, e sono rimaste a guardarci mentre parlavo loro; ormai non ci temono più, non temono nemmeno il cane a cui è stato insegnato di non avvicinarsi a loro. Abbiamo incontrato anche il nipote dei vicini, che era venuto a trovarli, e il muratore che lavora nei poderi qui intorno. Facce senza maschere in un mondo di fantasmi.

L'Italia guarisce intanto che Conte va in missione (per conto della Quarta rivoluzione industriale) presso l'Unione europea. Gli imprenditori tessili di Prato non sanno che non c'è più posto per loro in questa rivoluzione e cercano di ribellarsi alla rovina. Chissà dov'è il sindaco di Napoli e tutta la sinistra (il PD non è compreso nel concetto, ovviamente) anticapitalista, che, rimasta ancora all'infanzia, crede di dover combattere contro i padroni delle fabbriche di Prato, mentre il Leviatano se li mangia in un boccone assieme ai loro operai.

A Torino, due giorni fa i giovani di un centro sociale sono scesi in strada a manifestare contro la dittatura pandemica che ci confina tra quattro mura e ci toglie diritti e lavoro; erano alcune decine, gridavano che «hanno fatto tutto loro, il virus [...] scendete in strada, ci tolgono la libertà, il lavoro [...] facciamogli vedere che c'è gente in Italia che non sta zitta». I marciapiedi, i balconi erano pieni di gente che li ascoltava, li applaudiva. Gente povera di un quartiere povero, senza mascherine.

I mediaservi giornali hanno dato questa informazione: «Proteste degli anarchici contro la polizia, che tentava di arrestare due scippatori che avevano strappato la collanina a un'anziana».

I componenti la banda FEM, che si credono il vero governo mondiale (e non hanno tutti i torti, anche se di torti ne hanno), ci invitano a visitare le loro "piattaforme" su Internet: progetti specifici di investimento per la Quarta rivoluzione industriale. La prima è proprio la piattaforma "Azione Covid", di cui già sappiamo qualcosa. Poi c'è un elenco lungo e cominciano tutte con la parola "shaping": modellare, plasmare, dare forma. *«Plasmare il futuro della manifattura e della produzione», «plasmare il futuro delle città, delle infrastrutture e dei servizi urbani»* e poi dei consumi, della cibersicurezza e della fiducia nel digitale, dell'economia digitale e della creazione di una nuova valuta, dell'energia e dei materiali, del sistema finanziario e monetario, dei beni pubblici, della sanità, dei media, della cultura e dello spettacolo, della mobilità, dell'intelligenza artificiale e dell'apprendimento, e poi i dati, la robotica, le città digitali, il commercio globale, la società. Vedete, non hanno tralasciato niente. E quando un'oligarchia, che rappresenta solo se stessa e i propri interessi, vuole "modellare" tutta la società, c'è un solo nome per il sistema che pretende di creare, solo e sempre quello: dittatura.

Per esempio, nel futuro del sistema monetario e finanziario plasmato dai loro deliri c'è il progetto di "ridisegnare" le nostre pensioni. I partner sono compagnie di assicurazioni internazionali, banche internazionali e compagnie finanziarie globali. Addio INPS, addio sistema pubblico di pensioni garantite a tutti, o almeno a tutti i meno abbienti. Paga, dai i tuoi soldi da gestire: le banche, le finanziarie, le assicurazioni li investono, guadagnano e, finché e se prosperano, avrai la tua pensione. Fine dei beni pubblici, dei beni comuni, dello Stato e della collettività[111]. Infatti, ci dicono, i sistemi pensionistici governativi sono ormai

111 Cfr. https://www.weforum.org/projects/redesigning-retirement-financial-wellness-in-the-100-year-life

inadeguati. Nella stessa piattaforma vogliono promuovere "l'inclusione" dei più poveri, che sono lontani dai servizi digitali (chissà come ne sentono la mancanza), incoraggiando l'uso di nuove tecnologie e di incentivi per adottare i pagamenti digitali. Capite: sono loro che decidono gli incentivi, e vogliono essere solo loro d'ora in poi. Come avete constatato è ciò che il nostro governo, con la collaborazione dell'opposizione, sta facendo da tempo, e con l'aiuto della psicopandemia sta "accelerando": tutti devono poter pagare con carta di credito anche un caffè, e questo già l'avevano accelerato senza aspettare la pandemia. Adesso Federparchi, per esempio, (a quando la privatizzazione?) vuole solo pagamenti con carte di credito: per non toccare denaro infetto.

Nell'immagine con cui pubblicizzano "l'inclusione finanziaria" c'è la foto di una piroga piena di frutta, disposta artisticamente a fasce di colore diverso e in buona parte impacchettata in sacchetti di plastica trasparente. Un essere, si presuppone umano, del quale non si vede il volto ma il cappello di paglia di tipo asiatico, tiene in mano una pagaia di cui non sa che fare, in attesa che abbiano finito di fotografare. È il loro prototipo pubblicitario di inclusione finanziaria, che ci mostrano mentre progettano l'esclusione ed espulsione dai mercati di tutti quelli che al mercato ci vanno con la piroga e non solo. Ma il particolare delle confezioni plastificate li smaschera[112].

Negli Stati Uniti manifestano nelle strade, nelle piazze, davanti ai palazzi dei governatori; non hanno le mascherine ma alcuni hanno i mitra, non tengono le distanze, non credono alla pandemia ma credono alla dittatura e la sanno riconoscere. Dicono, molto sensatamente, che stia a casa chi ha paura del contagio; dicono no alla tirannia, dicono che la libertà è più importante della vita. La polizia locale non interviene mai; è convinta, come i cittadini, che i governatori stiano violando la Costituzione.

Protestano a Berlino contro la dittatura pandemica, in piazza senza mascherine inneggiano alla libertà, dicono no al nuovo nazismo. Anche loro sanno riconoscerlo.

Protestano a Londra, abbracciandosi in gruppo; in Nigeria manifestano in massa; in Kenia i poliziotti sparano sui manifestanti per salvarli dal virus.

---

112 Cfr. https://www.weforum.org/projects/promoting-global-financial-inclusion

SVENTRARE IL MARE

Italia, mercoledì 22 aprile 2020 al tempo del coronavirus.

"Mascherine fino al vaccino; Europa ancora senza intesa, Conte non esclude il MES; con la scusa della Covid, liberi i boss; si riapre il 4 maggio".

Ci mettono la carota appesa davanti al muso, "si riapre". Ora dicono il 4 maggio come prima hanno detto il 3 aprile, dopo Pasqua, a fine aprile... Intanto però l'Incoronatovirus ci minaccia con le mascherine per sempre, se non facciamo i bravi. Quelli bravi si faranno iniettare il vaccino, obbedendo al re nudo come un verme (con rispetto per i vermi veri, degne e utili creature), che però nessun bambino smaschera, e che detta legge strombazzando a piena voce nelle nostre orecchie ciò che viene bisbigliato nelle sue. Dagli "esperti"-portavoce della Quarta rivoluzione industriale? La BYD e Warren Buffett si aspettano ancora tanti soldi dallo Stato italiano, entusiasti del partenariato pubblico-privato che i nostri politici all'unisono stanno attuando. Però l'Europa "non intende" e quindi ripiegheremo sul MES. Ciao ciao, Italia "sviluppata": sarai saccheggiata, tu e qualche altra nazione; quelle i cui governi hanno fatto da battistrada per la Quarta rivoluzione industriale che forse non ci sarà, ma il saccheggio dei Paesi consegnati, mani e piedi legati, al capitalismo globale, quello ci sarà. I boss mafiosi soggetti al carcere duro vengono scarcerati perché in carcere, così isolati, rischiano di prendere il raffreddore da Covid-19.

Ve lo eravate forse domandato, come mai le mafie non reagissero a una quarantena indiscriminata, lunga due mesi e rotti, che ha pressoché azzerato i loro mercati interni: droga, prostituzione, ristorazione, alberghi, negozi. Ne hanno persi di soldi. Ma ci saranno le grandi opere "semplificate", gli appalti facili, e forse c'è già qualche altro vantaggio.

Niente in confronto alla banda del FEM. E comunque le mafie fanno parte del capitalismo globale, anche loro investono in azioni e in grosse imprese. Dunque, torniamo alla "cupola". L'ipocrisia è lo sfondo su cui disegnano tutti i loro scenari. Prendiamo la "Quarta rivoluzione industriale per la Terra", piattaforma che vorrebbero farci credere modellata per salvare il pianeta (da loro stessi), e diamo un'occhiata a: *«Sfruttare la Quarta rivoluzione industriale per gli oceani»*. Decritto, è fin troppo facile: «Sfruttare gli oceani per la Quarta rivoluzione industriale» che d'ora in poi chiameremo un po' anche QRI, così ci metto meno tempo a scrivere. Dopo un panegirico sui mali dei poveri oceani, sull'inquinamento e l'anossia prodotti dai loro pesticidi e concimi chimici, sui continenti di poltiglia galleggiante prodotti dalla loro plastica, sulla desertificazione di intere zone dell'oceano dovuta alla loro pesca intensiva, non indovinereste mai quali sono le soluzioni da essi progettate per rimediare a tutto ciò. Eccovele: aumentare gli allevamenti di pesce con gli incentivi degli Stati (antibiotici e disinfettanti quotidiani che finiscono nelle acque marine a tonnellate ogni giorno); il digitale, naturalmente 5G e compagnia bella, per monitorare i pesci, quanti sono e dove sono ecc. (così da arrivarci sopra senza perdere tempo); sempre attraverso catene di registri digitali (*blockchain*) organizzare tutta la filiera commerciale; sviluppare biotecnologie che permettano di produrre pesce-cibo sintetico da batteri geneticamente modificati che lo ricaveranno dal metano, o da insetti (varie aziende di innovazione sono a buon punto nella sperimentazione). Non ridete, perché non c'è niente da ridere, questi sono pericolosi e fanno sul serio. E poi non è finita, sentite qua: *«usare il riconoscimento facciale* [del pesce] *per raccogliere informazioni su specie, stazza e quantità dei pesci catturati [...] sviluppare una applicazione per smartphone per i piccoli pescatori e i pescatori dilettanti»*. Decritto: «se vuoi il permesso di pescare, d'ora in poi devi avere l'applicazione e il relativo *smartfon;* non si esclude di trovare dei pretesti per impedire ai piccoli pescatori di guadagnarsi da vivere e nutrire le proprie famiglie».

Hanno le soluzioni opportune anche per l'inquinamento dei mari da pesticidi e fertilizzanti chimici: le **coltivazioni transgeniche**; quelle piante geneticamente modificate apposta per resistere a delle quantità di diserbanti che ucciderebbero qualsiasi pianta non OGM.

Ridete, se ve la sentite. E poi coltivazioni di coralli da "evoluzione assistita", che significa ancora una volta ingegneria genetica; modificazione artificiale degli habitat; modificazione genetica di batteri; **sviluppo di robot**-minatori di profondità **che possano estrarre minerali dal fondo degli oceani; biogenetica per produrre pesci geneticamente modificati.** Vogliono fare macchine, attenzione, che possano esplorare il fondo degli oceani per trovare i giacimenti di minerali, e poi robot che possano scavarli fuori; il che naturalmente ridurrà l'inquinamento e migliorerà la situazione dei poveri mari, Non avete più voglia di ridere e, se ancora ne avete, sentite quest'altra: vogliono «***studiare nuove opportunità*** [...] ***le creature uniche che si sono adattate alle condizioni estreme delle profondità oceaniche e che*** [...] ***possono essere usate come farmaci***»[113].

Chi sono qui i partner? Tutti! Tutta la banda del FEM al completo. Chi vuole perdersi la ricca pesca in questo oceano di possibilità? Cibo, prodotti digitali, minerali dal fondo degli oceani, biotecnologie. E dov'è l'ecologia, il ripristino della salute degli oceani, la difesa delle loro creature? «La risposta, amico mio, soffia nel vento».

La QRI degli oceani rappresenta un esempio quanto mai significativo della loro strategia globale: neanche un quadratino del nostro pianeta si potrà sottrarre al dominio e allo sfruttamento del capitalismo globale; neanche un pescatore con la piroga o il cormorano devono sfuggire al controllo. Le biotecnologie e le macchine cibernetiche saranno gli strumenti per realizzare il dominio completo e assoluto.

En passant: nei documenti del FEM del gennaio 2019 c'era: «*Carne: la serie futura di proteine alternative*». Le alternative vanno dalla farina di insetti, che devono ancora capire come produrre su larga scala, alla produzione biogenetica di carne sintetica. Ci stanno provando. Ciao ciao allevatori intensivi, e fin qui non ci dispiacerebbe, e anche allevatori biologici; e ciao ciao legumi, diete vegetariane o vegane. L'industria "rivoluzionaria" vuole nutrirci di carne sintetica, che ci provocherà dei cancri naturali, così che potranno "trattarci" con altri prodotti sintetico-bioingegneristici detti "farmaci". Sempre per il bene nostro e del pianeta.

113 Cfr. http://www3.weforum.org/docs/WEF_Harnessing_4IR_Oceans.pdf

Via, non trascuriamo nulla e diamo un'occhiata anche a «*Sfruttare la vita sulla terra*». Vi do solo un accenno, dovrebbe bastare: «*In questa nuova economia l'industria che reingegnerizza la natura era valutata in 3,9 miliardi nel 2016 ma cresce rapidamente. Considerando la natura trasformativa della Quarta rivoluzione industriale, alcuni analisti suggeriscono che potrebbe crescere fino a 38,7 miliardi entro il 2020 e anche questa potrebbe essere una stima prudente [...] le interazioni tra nanotecnologia, intelligenza artificiale, strutture dei materiali, produzione di energia [...] una potenzialmente infinita interazione tra la Quarta rivoluzione industriale e i beni naturali [...] una nuova e significativa fonte di valore economico e futuri profitti può essere generata dallo sfruttamento dei beni biologici [...] dallo scoprire nuovi farmaci al calcestruzzo autorigenerante, l'innovazione sta accelerando*»[114].

Non esiste nessuna forma di vita e nessun tipo di materia sulla terra di cui non vogliano impadronirsi, che non vogliano storpiare rendendola merce riproducibile industrialmente, che non vogliano vendere. Ogni essere vivente, ogni elemento, ogni materia, ogni impulso dell'animo umano è visto dai capitalisti globali e dai loro lacchè solo come possibilità di sfruttamento e profitto. È un incubo? Come la psicopandemia coronavirus. È il delirio maniacale delle classi elitarie di una società malata: quella del capitalismo globale del ventunesimo secolo.

114 Cfr. http://www3.weforum.org/docs/WEF_Harnessing_4IR_Life_on_Land.pdf

LA LIBERTÀ INSOSTENIBILE

Italia, giovedì 23 aprile 2020 al tempo del coronavirus.

"Ristoranti: posti dimezzati; 10 milioni a rischio povertà; Conte: riaprire anche se il contagio salirà; Mattarella avverte la UE: serve solidarietà; si riparte da edilizia e industria il 4 maggio".

L'Italia dorme. Si è punta col fuso avvelenato della "pandemia", che i mediaservi le hanno porto, ed è piombata in un coma profondo. Non c'è in vista nessun principe che possa svegliarla, magari con un par di schiaffi.

Il reuccio senza vestiti ci avverte che il contagio salirà, e finge di "riaprire". Le aziende multinazionali hanno riaperto da un pezzo, o non hanno mai chiuso. Ristoranti, bar, alberghi, negozi e artigiani possono riaprire a scartamento ridotto, e alcuni non lo faranno: le regole imposte hanno lo scopo di rovinarli.

Questo è il "reset" del FEM. La loro ristrutturazione del capitalismo nei documenti la chiamano con questa parola che significa azzeramento, tabula rasa per poi ripristinare. Azzerare l'economia (degli altri), per ricostruire la propria più forte e potente di prima. «*Capitalism: time to reset*», intitolava il «Financial Times», giornale dei capitalisti globalisti, nel 2019.

Via la piccola borghesia, il ceto medio, le borghesie nazionali; le grandi industrie nazionali saranno assorbite da qualche compagnia globale, se conviene.

Mattarella vuole che la UE sia solidale con chi sta attuando il disegno del FEM. L'edilizia e l'industria locale ripartiranno il 4 maggio (2020), dato che avevano già deciso di ripartire anche senza permesso: la corda, troppo tesa, rischia di spezzarsi.

Dopodomani è il 25 aprile, la festa della Liberazione. Quella Liberazione per cui hanno combattuto in Italia più di 300.000 giovani, uomini e donne, alcuni poco più che bambini di 14-15 anni. E 30.896 di loro sono morti, uccisi in combattimento, impiccati, fucilati, torturati. Tra di essi c'era mio zio, Nino Savioli, morto a 27 anni per le botte e le torture dei fascisti. La meglio gioventù.

Qualcuno, in questi tempi di dittatura psicopandemica, ha filmato e messo in rete il video di un vecchio, un po' curvo, che camminando lentamente in una strada deserta di Napoli grida queste frasi: «La libertà, vale più della morte la libertà! Quanta gente è morta per noi, contro i tedeschi [...]. Gennaro Capuozzo a 12 anni, medaglia d'oro [...]. Cosa fate chiusi in casa, cosa fate? La libertà non ha prezzo! Lo vedi, là sta il business: la farmacia! Chi l'ha creata tutta questa situazione? Chi l'ha creata? Andiamo a monte! [...]».

Gennaro Capuozzo aveva 11 anni, quando è stato ucciso. Nell'insurrezione di Napoli contro i tedeschi fu la vittima più giovane; fu ucciso da una granata mentre lanciava bombe a mano contro i carri armati tedeschi. Era uno dei tanti scugnizzi che parteciparono alle Quattro giornate di Napoli, uno dei tanti che morirono combattendo per la libertà e la dignità del proprio popolo. Se oggi suona pomposo e retorico dirlo, è perché non ci siamo più abituati.

Rovistando negli armadi e nei cassetti del capitalismo globale, in cerca di ulteriori riscontri, ho trovato un articolo rivelatore, pubblicato sul giornale «La Stampa» il 18 aprile 2020: *«Ecco come il virus accelera la rivoluzione digitale»*. Che sarebbe come dire: vi spieghiamo a cosa serve il virus. E aggiungono: *«L'obiettivo teorico è quello di costruire un nuovo modello tecnologico-centralizzato»*. E si rammarica, «La Stampa», che non fossimo ancora pronti per i robottini-veicoli che ci avrebbero portato a casa la spesa, per i droni che ci avrebbero consegnato le merci alla finestra, per le auto senza conducente che ci avrebbero permesso di evitare taxi e mezzi pubblici e il pericoloso "contatto umano". Dice che, per questo disdicevole ritardo tecno-sociale, Amazon è stata costretta ad assumere migliaia di persone, mettendole così a rischio di infettarsi. Anche a noi dispiace che Amazon abbia guadagnato dalla pandemia e dalla debolezza mentale del *pueblo* del ventunesimo secolo, però deduciamo anche che per non infettarci dobbiamo restare disoccupati e segregati in regime di isolamento carcerario. A chi appartiene il giornale «La Stampa»?

Capite perché politici, esperti, mediaservi continuano a ripeterci a manetta che "niente sarà più come prima", che bisogna che tutto cambi, che un cambiamento epocale è ineluttabile. Peccato che quel cambiamento epocale sia la Quarta rivoluzione industriale dell'impero capitalista, che consiste nell'annullamento della vita politica e sociale collettiva, nella distruzione di tutte le attività economiche che non sono nelle loro mani, nella sostituzione dei lavoratori con macchine "intelligenti", nella centralizzazione senza precedenti del controllo e del potere; inoltre essa prevede anche l'eliminazione della mediazione politica e dei politici, sostituiti nelle decisioni dai cosiddetti "esperti", cioè dai funzionari delle compagnie multinazionali, e ridotti al rango di burocrati galoppini.

Abbiamo provato a organizzare almeno un corteo di auto a Siena, una manifestazione per il 25 aprile (2020) e per chiedere di ripristinare la democrazia, la Costituzione, i diritti civili, le libertà collettive e individuali. Sarebbero bastate una ventina di persone. Abbiamo telefonato ad amici, ai compagni di Rifondazione comunista, agli ex cinquestelle. Qualcuno era d'accordo e disposto a farlo: un paio. Gli altri avevano paura della multa. Abbiamo fatto dei cartelli: "No alla dittatura", "Viva la resistenza", "Viva il 25 aprile", "Riprendiamoci la libertà". Li abbiamo attaccati ai pali lungo la provinciale, affinché ci fosse almeno un segno di vita cosciente.

Mentre una siccità fuori dal normale sta colpendo il Sud dell'Africa, Namibia, Angola, Mozambico, Zimbabwe, le locuste continuano a espandersi in parte dell'Etiopia, in Kenia, Somalia, Uganda e Sud Sudan. Continuano anche le inondazioni in Rwanda, Burundi e parte del Kenia.

LA FILIERA LUNGA

Italia, venerdì 24 aprile 2020 al tempo del coronavirus.

"Primo accordo in Europa; aiuti UE, solo un primo passo; la rivolta dei sindaci; le Regioni: riapriamo; UE: un accordo a metà".

I cartelli sulla provinciale ci sono sempre. Vento di tramontana e sole, non si possono bruciare le ramaglie degli olivi ma continuiamo la potatura. Sta cominciano a fiorire il trifoglino bianco nel prato degli olivi, e già le api sono a bottinare tra l'erba. I ciliegi ormai sono sfioriti, qualche ginestra, nei punti più assolati e riparati, sta mettendo i primi fiori anzitempo.

Uno dei tentacoli del FEM è l'Alleanza globale per facilitare il commercio (Global Alliance for Trade Facilitation), per *«rendere il commercio sempre più veloce e più conveniente»*. Cosa c'entra con la pandemia? Ce lo fanno entrare, anzi, è proprio quello, secondo loro, che ci salverà dalla pandemia. Decritto: è quello che li salverà dalla crisi economica globale per la quale hanno inventato la coronavirus-pandemia. Sentite come la rigirano senza un minimo di pudore, nonostante le loro argomentazioni appaiano fasulle anche a un bambino: *«La pandemia Covid-19 ha messo in rilievo l'importanza vitale di un commercio regolare ed efficiente per fornire beni essenziali e prodotti sanitari [...]. Stiamo impegnandoci con i governi, i mercati [...] per capire quali misure sono state messe in atto alle frontiere per facilitare il commercio in queste circostanze eccezionali [...] semplificare [...]* ***senza bisogno di ispezioni fisiche, che comporterebbero maggior rischio d'infezioni** [...] **semplificare i processi** [...] **meno documenti** [...]. **La pandemia ha dimostrato come non mai l'importanza di attraversare***

le frontiere con le merci [...] facilitare il diritto di commercio attraverso tutto il mondo»[115].

Basta ispezioni fisiche, cioè basta ispettori doganali che controllino di persona; basta documenti, basta intralci anacronistici alle importazioni; basta regole di legalità, di qualità e di sanità che, oltre a essere intralci anacronistici, limitano il commercio di merci inquinanti, tossiche, pericolose ma tanto convenienti. La pandemia ha finalmente dato una gomitata, sperano definitiva, a chi ancora si metteva in mezzo. Non c'è che da utilizzarla costantemente, o almeno finché le nuove regole che tutto permettono al capitale globale avranno seppellito le vecchie, che ancora ponevano qualche limite. Deduzione: basta commercio locale, altro che filiera corta e chilometro zero; la pandemia ha lo scopo, tra gli altri, di rompere gli ultimi argini al commercio globale, distruggere ogni residua concorrenza; importare, per esempio, il mais OGM dagli USA, il parmigiano dalla Cina o dal Brasile, o magari sempre dagli USA dove potrebbero produrlo sintetico. Il miele fatto con lo zucchero già lo importiamo dalla Cina ma, quando vengono fatti i controlli, torna al mittente. Soldi buttati via, un vero spreco. Ma i loro progetti di Quarta rivoluzione industriale non prevedono sprechi. Vedete? Sono sostenibili!

E nella pandemia ecco che spunta la Rockefeller Foundation. Ognuno si dà da fare come può. Ecco come filantroperanno la "pandemia": la Fondazione «*Investirà 20 milioni di dollari per un sistema di monitoraggio e gestione per la Covid-19*» per «*andare incontro ai bisogni dei lavoratori americani, delle famiglie e delle comunità vulnerabili in tutto il mondo*». In che modo? Con «*[...]* ***una strategia sostenibile per fare test migliori e tracciare i contatti, fino a che non sarà sviluppato un vaccino*** *[...]* ***almeno 1 milione di test alla settimana; per arrivare a 30 milioni alla settimana*** *[...]* ***coordinare il mercato dei test, un acceleratore della tecnologia pubblico-privata per testare***». E poi: piatta-

115 Cfr. https://www.tradefacilitation.org; https://www.tradefacilitation.org/article/statement-covid-19/; https://www.weforum.org/projects/global-alliance-for-trade-facilitation

forme digitali, tracciamento dei contatti, **protocollo di cura internazionale**. Questo richiederà **una forte leadership e collaborazione**[116].

Di cosa hanno bisogno i lavoratori americani rimasti senza lavoro e le loro famiglie? Di essere controllati, testati, vaccinati e piegati sotto «*una forte leadership e collaborazione*» tra il governo e l'impero capitalistico globale. Inoltre, con un «*protocollo di cura internazionale*» si potranno sostituire in tutto il mondo i medici di base; al posto loro basterà un computer; poi un drone o un robottino-veicolo ci consegnerà i farmaci a casa, senza bisogno della farmacia; a meno che non ci abbiano già infilato sottopelle un microchip con le sostanze indicate, e un computer di nuova generazione, di quelli dotati di intelligenza e apprendimento automatico, comanderà "da remoto" il rilascio delle sostanze nella giusta dose. Sperando che non si scassi e rilasci tutto in una volta, che comunque non sarebbe un gran male, perché avremo firmato sul nostro telefono cellulare smart una dichiarazione in cui solleviamo da ogni responsabilità il robot e il computer. E non ci sarà nessun altro a cui dare la colpa.

116 Cfr. https://www.rockefellerfoundation.org/national-covid-19-testing-action-plan/

LA PROFEZIA

Italia, sabato 25 aprile 2020 al tempo del coronavirus.

"Viaggi a numero chiuso; Di Maio: sul MES si può trattare; si potrà tornare a far visita ai familiari; Mattarella e il 25 aprile: uniti ce la faremo, oggi come allora".

Bisogna tenere le distanze anche sui mezzi di trasporto pubblico, e questo disagio procurato volontariamente e premeditatamente non potrà non favorire il trasporto privato. Bisogna indossare le mascherine, e la BYD sarà felice di fornircene un'altra duecentomilionata. Bravo Di Maio, convertito al MES (Meccanismo europeo di strozzinaggio): quanta strada ha fatto in così breve tempo, un vero atleta della corsa a ostacoli politica. Le cinque stelle ormai si sono spente tutte, sono diventate buchi neri che ci risucchiano in un universo parallelo: quello della dittatura e della miseria materiale e morale. Ci concedono di visitare di nuovo i familiari, e gran parte degli italiani ha davvero aspettato la "gentile concessione" per tornare a farlo. Sono rimasti separati dai loro cari per più di due mesi, temendo un virus "mediatico-virtuale" o una multa, illegittima e quindi da contestare e non pagare.

Uniti ce la faremo, oggi come allora? Mattarè, non esagerare! Allora non eravamo uniti, e per fortuna! Per fortuna non eravamo tutti fascisti, per fortuna contro il fascismo e il nazismo ha combattuto una parte dell'Italia, una parte ha sostenuto e aiutato quelli che combattevano. La Resistenza partigiana ha trovato il sostegno di intere comunità contadine, degli operai nelle città. Ma una parte dell'Italia stava coi fascisti e coi nazisti, denunciava i partigiani come aveva denunciato gli ebrei. Una parte sostanziosa si faceva invece gli affari suoi e tirava a campare.

"Tutti uniti" è, oggi come allora, una pericolosa falsità. Uniti, lo sfruttatore e lo sfruttato? L'aguzzino e la vittima? L'aggressore e l'aggredito? Il bugiardo e l'ingannato? Lo schiavo e il padrone?

Saremo uniti quando non ci sarà più il dominio, il capitalismo, lo sfruttamento. Saremo uniti quando saremo tutti uguali. E non per finta, come adesso, che non siamo tutti uguali nemmeno davanti alla legge.

È il 25 aprile e c'è chi è sceso in strada a ricordarlo, chi non si è fatto intimidire dalla "pandemia". A Bologna, a Genova, a Torino, a Milano, a Roma, a Trieste ci sono state manifestazioni: qualche centinaio, a volte qualche decina di persone; segni di resistenza anche oggi. A Milano, in un quartiere di periferia, la polizia ha fermato, trascinato, malmenato i dimostranti. Forse Mattarella non se n'è accorto.

In tutto il mondo cresce la rivolta alla psicopandemia della QRI.

Avevano pensato, quelli della banda FEM, che gli esseri umani fossero "plasmabili", modellabili come argilla umida. Invece sono più simili alle piante: anche nell'oscurità, si protendono sempre verso la luce.

Non tutti, purtroppo, la società del dominio in cui viviamo da innumerevoli generazioni, ha selezionato ai suoi vertici gente che ama l'oscurità. Peter Schwartz è un collaboratore della banda del FEM. Uno specialista dei suggerimenti strategici, un "futurologo" che immagina scenari per il capitalismo globale. Alcuni di questi scenari fanno parte di un documento della Rockefeller Foundation del 2010, *«Scenari per il futuro della tecnologia e dello sviluppo internazionale»*. Vale la pena di presentarvelo come ulteriore prova della premeditazione criminale della "pandemia"; naturalmente si tratta di alcuni stralci da un documento di più di cinquanta pagine, ma sono stralci che illuminano come un fascio di luce da un faro il mare in tempesta in cui ci ha immersi la psicopandemia.

Ecco cosa ci dice lo Schwartz Peter: *«Impegnate la vostra immaginazione [...]. Immaginate come funzionerà il mondo e come sarà organizzato [...] e quale sarà il vostro ruolo nel guidare le vostre organizzazioni verso il futuro prescelto [...] economia globale integrata, grandi volumi di merci, import-export, cooperazione a livelli sovranazionali [...] rafforzare le istituzioni globali, formare gruppi sovranazionali per decidere le effettive soluzioni [...]* ***dall'altra parte il protezionismo e la frammentazione del commercio,***

le barriere alla cooperazione, gli ostacoli agli accordi e all'accrescimento di soluzioni interconnesse su larga scala».

Ed ecco lo scenario possibile per abbattere tutti questi ultimi ostacoli al "futuro prescelto" dai capitalisti globalisti: «***Nel 2012 la pandemia, che era stata prevista per anni, infine si sviluppa*** *[...]*. ***Le imposizioni del governo cinese, con la quarantena obbligatoria forzata e la chiusura totale delle frontiere salvano milioni di vite*** *[...]*. ***Durante la pandemia i capi di governo in varie parti del mondo impongono strette regole e restrizioni, dall'obbligo di indossare mascherine al controllo della temperatura corporea*** *per entrare in luoghi come stazioni e supermercati.* ***Anche dopo l'affievolirsi della pandemia questi controlli autoritari dei cittadini e delle loro attività permangono*** *e persino si intensificano. Con lo scopo di proteggere se stessi da crescenti problemi globali, pandemie, terrorismo, crisi ambientale, crescita della povertà, i leader in tutto il mondo stabiliscono regimi più rigidi*».

Ma non vi preoccupate, tutto finisce bene: gli Stati perdono influenza e ne acquistano invece i superstati, cioè le alleanze capitalistiche globali; il commercio si sviluppa di qua e di là, su e giù, in tutto il mondo e pure in Africa, grazie ai sistemi cibernetico-digitali e agli accordi commerciali sovranazionali; tutti diventano ricchi, anche i poveri e pure l'ambiente si salva. Purtroppo nello scenario non è spiegato molto bene come si salvi l'ambiente aumentando il commercio globale, i trasporti globali, la produzione globale di aggeggi digitali che da quando nascono a quando muoiono consumano una quantità smisurata di energia e producono una smisurata quantità di rifiuti tossici. Non è nemmeno spiegato come i poveri facciano a diventare ricchi, dato che finora il commercio globale è aumentato perché, sfruttando i poveri, si potevano avere tante belle merci a basso costo per i Paesi ricchi. Come le banane, il tè, il caffè, il cioccolato, i fiori e le piante olandesi, lo zenzero, le patate argentine e i golfini argentini di Benetton, le ciliegie cilene, il coltan congolese, l'oro il litio il nichel il rame del Sud America o dell'Africa...

Il futurologo Peter Schwartz, fondatore della "Rete per gli affari globali" non si dilunga su questi argomenti. Quanto alla pandemia-dittatura, il cui scenario egli aveva immaginato e trasmesso ai Rockefeller e soci, forse vi riuscirà difficile crederci. Anch'io avevo qualche dubbio: non siamo abbastanza complottisti; loro, la banda del FEM, invece lo sono. Dunque, benché il documento portasse il loro logo e i loro nomi, ho perquisito la Rockefeller Foundation senza trovare niente che confermasse che il documento le apparteneva davvero e non fosse un falso, ma poi, perquisendo anche i dintorni, ne ho trovato tracce evidenti: un libro pubblicato dalla Banda mondiale, pardon, Banca mondiale, in cui il documento *"Scenarios for the future of technology and international development"*, della Rockefeller Foundation, è citato come degno di interesse e di credibilità.

Come vedete, è dal 2010 che covano la "pandemia"[117].

Le profezie a volte non si avverano, i destini non sono segnati, la vita non è prevedibile e gli esseri umani ne fanno ancora parte, anche se in gran parte un tantino "deviati". I banditi del FEM tralasciano molti aspetti, nelle loro previsioni e progetti, compreso l'aspetto ambientale. Lo rimuovono, non trova posto nei loro piani. È come se qualcuno, deciso a raggiungere una meta e trovandosi davanti un precipizio, decidesse di non vederlo e proseguire nel vuoto. Quindi, il capitalismo globale si sfracellerà nel precipizio della devastazione ambientale e climatica. Ma sarebbe meglio per tutti se lo sfracellassimo prima noi, perché nel precipizio, se no, ci finirà la gran parte della vita del pianeta, e noi con essa.

---

117 Cfr. https://www.rockefellerfoundation.org/national-covid-19-testing-action-plan/;
https://www.academia.edu/42295029/Rockefeller_Vakf%C4%B1n%C4%B1n_May%C4%B1s_2010_Raporu_Scenarios_for_the_Future_of_Technology_and_International_Development_;
https://openknowledge.worldbank.org/bitstream/handle/10986/20603/928730PUB0Box3021030709781464803079.pdf?sequence=1&isAllowed=y; https://www.edge.org/memberbio/peter_schwartz

POSTUMI

La Quarta rivoluzione industriale è già in corso da decenni, da quando i computer e Internet, poi i telefoni mobili collegati a Internet e chiamati *smartfon* sono diventati parte della vita quotidiana della specie animale detta "umani". È stata la tappa finale di un processo di alienazione, disgregazione, involuzione, degenerazione (e scusate le ripetizioni ma tutti quegli "zione" ci vogliono) della suddetta specie.

Alienazione dalla natura, dalla maestosa e meravigliosa realtà della vita, che ormai non conosciamo più e con la quale non abbiamo più contatto: anche quelli che vanno a fare le escursioni (non "passeggiate", per carità) in mezzo alle montagne, passano più tempo a filmare, fotografare, mandare foto con il telefono cellulare smart che a guardare, ascoltare, annusare.

Disgregazione: la comunità umana, il riunirsi, condividere, raccontare, discutere, fare politica o cantare assieme è stato sostituito da *feisbuc, uozzap, scaip*; da messaggi mozzati, volti deformati, relazioni mutuate e falsate da strumenti che incentivano il distacco mentre crediamo ci avvicinino: rendono mozzo e asfittico persino il pensiero, oltre al discorso; creano incomprensioni, ostilità, desiderio di prevalere anche di fronte a dissensi minimi, estraneità e solitudine.

Involuzione: perché gli strumenti della cibernetica digitale producono demenza, soprattutto nei bambini e negli adolescenti, e non per modo di dire: parti fondamentali del cervello umano muoiono per mancanza di utilizzo, e sono quelle che presiedono alla memoria, alla deduzione, all'immaginazione, all'empatia; di questo passo, un'umanità di subnormali sarà la normalità. Involuzione anche perché il distacco dalla vita vera, il nutrirsi di cibi innaturali, l'inquinamento, il crescere in un'ambiente artificiale minano il nostro fisico e lo indeboliscono: palestre e campi sportivi hanno sostituito il lavoro manuale, la fatica, il correre saltare arrampicarsi che ci hanno permesso di sopravvivere, costruire, coltivare, creare fino a un paio di generazioni fa.

Degenerazione: perché una vita innaturale, da animali d'allevamento intensivo, senza più comunicazione collaborativa nemmeno per chiedere dove si trovi una via o un'informazione su un ristorante, crea frustrazione continua, timore dei propri simili, ostilità latente.

Quando milioni di morti viventi o, se vogliamo essere meno drastici, ipnotizzati cronici, hanno cominciato a vagare per le strade delle città fissando i propri *smartfon*, la QRI del capitalismo globale aveva già vinto, era solo questione di tempo.

Adesso però a Davos hanno un problema: il tempo non c'è. Vogliono e devono accelerare; devono arrivare nel giro di qualche anno al traguardo finale: una dittatura globale mediata dai computer "intelligenti", in cui tutta la produzione e tutto il commercio siano nelle loro mani; in cui tutto il potere politico sia nelle loro mani, senza più passaggi o mediazioni; in cui gli strumenti cibernetici, comprese le armi se occorre, ma soprattutto l'introduzione della valuta "virtuale" e l'eliminazione del denaro contante, permettano il controllo immediato e totale di ogni essere umano e l'eventuale repressione di ogni "deviante".

Hanno ritenuto che il mezzo per imporre velocemente e con meno ostacoli possibili un tale stravolgimento, da essi chiamato Quarta rivoluzione industriale, fosse inventare una pandemia, mortale naturalmente, e scegliendo un virus che si trova dappertutto: hanno ormai in mano tutti gli strumenti di comunicazione alle masse, le quali, non comunicando più tra di loro, sono prede inermi. Come le ostrichette del film *Alice nel paese delle meraviglie* erano prede inermi del tricheco, ma loro almeno avrebbero potuto ascoltare la nonna, invece le nonne umane ascoltano la televisione.

La pandemia ha permesso di eliminare la democrazia e la libertà senza colpo ferire; senza reazione alcuna da parte di popoli sottomessi e fiduciosi, privi ormai di un pensiero autonomo e di spirito critico.

«Ma i morti ci sono» dicono quelli che hanno creduto alla pandemia, che hanno avuto paura di infettarsi, che hanno avidamente ascoltato le "notizie": il coro mediatico incessante, ossessionante e frastornante che elencava decessi e contagi, mostrava bare e medici scafandrati. Lo sanno con certezza: degli amici avevano detto che dei loro amici erano morti; un'amica aveva detto che un'infermiera sua amica aveva detto; una sorella dottoressa faceva gli straordinari e vedeva morire, o salvarsi, gli intubati, ma certi morivano; un lontano cugino era morto proprio di coronavirus. I morti ci sono. Anche oggi in Italia sono morte o stanno morendo 485 persone di cancro, domani ne moriranno altrettante. È maggio ma forse, dei 485 che morivano ogni giorno a marzo, un centinaio di loro avrebbe potuto avere l'influenza e risultare positivo al coronavirus, passando così di categoria. I morti ci sono, ogni giorno, ma i mediaservi non faranno mai una campagna di terrore sul cancro, perché non è nell'interesse dei loro padroni. I morti ci sono stati, perché, se a degli ottanta-novantenni con la polmonite rifili un po' di medicinali sottoutilizzati, forse gli spiani la via per l'aldilà, se usi la ventilazione forzata forse danneggi loro i polmoni; se non fai le autopsie sui primi morti, perché te lo hanno proibito e perché tu medico, nella tua ignoranza coltivata dalle farmaindustrie globali, hai paura di infettarti, non capisci che il "protocollo" è sbagliato e stai uccidendo quelli che vorresti guarire. E chi ha realizzato il "protocollo"? I funzionari-servi della QRI.

I morti ci sono stati soprattutto perché, se a ogni morto, qualsiasi sia la causa della morte (infarto, cancro, Alzheimer, nefropatia, vecchiaia, intossicazione da medicinali, sfondamento dei polmoni da ventilatore), prima o dopo il decesso fai il tampone e trovi un coronavirus o simile e allora addebiti il decesso a quest'ultimo, la psicopandemia aumenta e si diffonde. E permette di eliminare il Parlamento, ogni strumento di vita politica collettiva, ogni possibilità di vita sociale, ogni manifestazione culturale e ogni libertà individuale con un paio di decreti emanati da un'autorità illegittima.

Senza che la gente si renda nemmeno conto dell'enormità di ciò che sta succedendo, senza che si renda conto di aver perso libertà e diritti, oltre al lavoro e al reddito in moltissimi casi, nel giro di poche ore.

Ma non illudiamoci, i morti ci sono stati e ci saranno sempre di più: cosa credevamo, di poter respirare aria sempre più sporca, poter bere acqua sempre più avvelenata, poter mangiare cibi sempre più tossici e continuare a vivere come se niente fosse? Ci siamo lasciati ingannare anche in questo: ci dicevano che la speranza di vita aumentava ma chi vive sperando... Perché nostra madre o nostra nonna ha cento anni, o è morta a novantasette, e nostra zia ne ha novanta ed è ancora in gamba; perché aumentano i centenari. Boccaloni che siamo, riflettiamo: i centenari sono nati cento anni fa, quando i deboli e i fragili morivano nei primi mesi o entro i tre anni di vita ma anche quando tutto ciò che entrava nell'organismo umano, aria, acqua, cibo, era pulito e sano. Nostra nonna centenaria, oltre ad essere stata selezionata come robusta e resistente, ha respirato, bevuto, mangiato cose vitali e sane in tutta la sua infanzia e gioventù. Noi ci avveleniamo con ogni respiro, ogni sorso, ogni boccone, e poi magari anche con i farmaci. Sarà un caso che la polmonite interstiziale acuta colpisca e uccida già da anni in pianura padana?

I minatori che estraggono e tagliano la pietra con le macchine o il martello pneumatico, che estraggono l'oro dalle viscere della terra, che lavorano nelle gallerie sotterranee a estrarre minerali in India, Africa, America Latina, muoiono di malattie dei polmoni; i minatori che fino a pochi decenni fa in Europa estraevano il carbone morivano di silicosi, di tubercolosi, di pneumoconiosi. A causa delle polveri inspirate ogni giorno durante il loro lavoro.

Chi vive in zone dall'aria gravemente inquinata, come la pianura padana, respira ogni giorno polveri sottili, nanoparticelle, polveri composte da centinaia di sostanze chimiche perlopiù tossiche e cancerogene. Cosa succede ai polmoni degli esseri umani, in quelle condizioni?

La parola "smog" la coniarono gli inglesi negli anni Cinquanta del Novecento, indicava la mistura di nebbia e fumo da inquinamento in cui Londra soffocava durante l'inverno, e "soffocava" è la parola giusta: dal 5 al 9 dicembre del 1952 a Londra morirono 4000 persone uccise dallo smog che respirarono. Quattromila persone in quattro giorni! Non per i virus, non per i batteri. Sarà un caso che in Cina, dopo che è diventata il Paese più industrializzato del mondo, con intere regioni coperte da cumuli di smog, ci siano cento milioni di ammalati di broncopneumopatia, malattia mortale? Non di virus, non di batteri.

Come è potuto succedere, come hanno potuto accecarci, ingannarci con tanta facilità?

Come è potuto succedere che interi popoli credessero alla boiata di un virus da raffreddore che mette in pericolo l'umanità intera, benché nemmeno si nascondesse loro che morivano solo dei vecchi malati o, se meno vecchi, dei moribondi e degli infartuati? Che la malattia polmonare, quando era malattia polmonare, colpiva nelle zone più inquinate d'Italia e d'Europa, in una delle zone dall'aria più inquinata del mondo?

Come è potuto succedere che non si accorgessero, invece, che con quel pretesto veniva imposta una dittatura così rigida, benché senza violenza, come non era mai successo prima nella storia umana?

È potuto succedere perché vediamo nella natura la nostra nemica. Vi prego anche di notare che quella che chiamiamo "natura" non è altro che la vita nel suo complesso. Siamo nemici della vita e dunque crediamo che essa ci sia nemica. Questa è la cultura dell'umano progredito. Abbiamo paura dei virus e dei batteri, pensiamo che aspettino solo l'occasione di nuocerci, non abbiamo fiducia nemmeno nel nostro corpo, nell'organismo umano e nelle sue capacità di difendersi e regolarsi; puliamo e disinfettiamo tutto con prodotti tossici, mutageni e cancerogeni, ma di quelli non abbiamo paura. Abbiamo paura di bere l'acqua dei ruscelli di montagna, che potrebbe ospitare qualche colibatterio fecale, ma non abbiamo paura del cloro tossico e cancerogeno che viene immesso negli acquedotti, della plastica tossica e cancerogena delle bottiglie di acqua minerale. Abbiamo paura delle vipere e non dei pesticidi, dei lupi e non dei gas di scarico, dei cinghiali e non del cibo-spazzatura. Eppure, ormai moriamo tutti di cloro, gas di scarico, pesticidi, cibo spazzatura e... medicinali chimico-biosintetici.

Abbiamo paura della natura così come gli aggressori e invasori hanno paura dei popoli aggrediti e invasi e, per un comprensibile processo psicologico di autoassoluzione, si devono convincere che quei popoli siano nemici pronti a far loro del male. Così ci siamo convinti di far bene a spianare, sventrare, disboscare, mettere argini, bonificare, prosciugare, cementificare, e ci siamo convinti che in tutto ciò che è naturale: erbe, insetti, piante, animali, virus e batteri, ci sia per noi il pericolo. Che la plastica sia più sana delle nostre mani, che un bosco sia pericoloso e non lo sia un parco, che l'erba vada tagliata e rasata continuamente, che solo la scienza ci possa salvare dalla morte-natura in agguato.

Niente di meglio di un virus per diffondere il panico, anche se il nostro corpo è pieno di virus, così come tutto ciò che lo circonda. Senza tener conto che alcuni virus e batteri possono nuocerci solo quando e se cloro, pesticidi, gas di scarico, cibo spazzatura, additivi chimici, farmaci biosintetici, paura, ansia, dolore hanno distrutto il nostro equilibrio energetico, le nostre difese immunitarie e il nostro corpo ha già cominciato a "marcire" e/o il nostro sistema immunitario a impazzire. Esattamente come i vermi possono divorare solo un cadavere o una parte del corpo già in cancrena.

È potuto succedere perché crediamo nella scienza e nella tecnica: i superpoteri che mettono l'uomo al di sopra della natura-vita, e crediamo nei suoi sacerdoti che ci comunicano la Verità rivelata. Rivelata dai loro studi e ricerche, sovvenzionate dalle multinazionali a proprio beneficio. Ci crediamo con fede assoluta, come una volta credevamo in Dio e nella religione: senza indagare, senza farci né porre domande. La Scienza è al di sopra di noi e della nostra comprensione, ci dà le tavole della legge e noi ci inginocchiamo davanti alla sua sapienza e alle indicazioni dei suoi "esperti". Che, rifilandoci farmaci (o pesticidi, o cloro, o additivi chimici, centrali nucleari, nanomateriali, integratori alimentari, applicazioni sui cellulari, ripetitori elettromagnetici, piante geneticamente modificate) fanno un sacco di soldi e partecipano di diritto al Forum economico mondiale di Davos, possedendo anche azioni delle grandi industrie sovranazionali, e a volte dirigendole.

Ma crediamo solo alla scienza "mainstream", quella della corrente principale, quella assoldata e asservita ai padroni degli stessi mediaservi che ce la ammanniscono. L'altra, la scienza indipendente e onesta, quella degli scienziati che ascoltano gli altri esseri umani, che contrastano i poteri economici dominanti perché seguono la propria coscienza, avendone ancora una, e vedono i disastri che i prodotti dell'economia dominante provocano, quella scienza non la conosciamo. Perché arrivasse alle nostre orecchie la voce dell'IPCC, il gruppo scientifico internazionale che studia il cambiamento climatico, c'è voluto un movimento di milioni di bambini e adolescenti, di milioni di adulti in tutto il mondo; ed è bastata la psicopandemia ad ammutolirla.

Conosciamo ciò che i mediaservi comunicano, modellando la nostra cultura e i nostri comportamenti. Non abbiamo altre fonti di conoscenza e d'informazione. Finita la comunità e finita la famiglia come fonti di cultura e trasmissione di conoscenza, finita l'opposizione politica di classe come fonte di informazione alternativa, rimangono solo le voci del padrone. E gli esseri umani, che hanno bisogno di punti di riferimento, di fonti di conoscenza, di trasmissioni di saperi, a quelle si rivolgono in mancanza di altro.

Così, è potuto succedere: il capitalismo globale ha potuto "accelerare", prendere lo slancio per il grande salto della Quarta rivoluzione industriale, per realizzare in breve tempo quel cambiamento definitivo ed esiziale che tutti noi stiamo portando avanti da decenni con i nostri comportamenti e consumi, con la nostra fede nella scienza e nella tecnica e nella superiorità umana, con la nostra competizione sociale ed economica, con il nostro conformismo.

L'uomo moderno, l'uomo animale da allevamento intensivo ha perso la capacità di vedere le cause e le conseguenze dei propri comportamenti; ha raggiunto, nel suo progredire, un livello di ignoranza e inconsapevolezza estraneo a qualsiasi altro animale. Non sa cos'è e da dove viene ciò che mangia; non sa dove e come finirà ciò che defeca o butta via; non sa distinguere una cosa utile o sana da un veleno o una cosa nociva; non sa perché sceglie una merce, uno svago, un comportamento, un lavoro. La gran parte di ciò che fa è indotto dalla pubblicità palese o occulta dei media di ogni tipo. Mandrie umane modificano i propri comportamenti e consumi nel giro di pochi mesi, di poche settimane, e tutte assieme.

Questo è il brodo di coltura in cui solo poteva svilupparsi la QRI e la sua "pandemia": l'umanità deresponsabilizzata e "plasmabile" del ventunesimo secolo. Avida di ogni nuovo "giochino" che l'industria le proponga, insofferente di qualsiasi limite nei consumi di ogni tipo.

Non avrebbero potuto attuare i loro piani se avessimo rifiutato in massa anche uno solo dei prodotti che oggi ci condizionano e domani ci imprigioneranno. Se ci fossimo rifiutati di salire ancora un gradino nella scala che ci porterà all'impotenza e all'asservimento assoluto, non ce l'avrebbero fatta. Non ci sarebbe mai stato o sarebbe stato abbandonato il progetto del 5G, se non aveste in tasca o in borsetta tutti, tranne l'eccezione di qualche "arretrato" diffidente e refrattario al progresso, lo *smartfon* 4G o come minimo 3G.

La Quarta rivoluzione industriale ha marciato con le nostre gambe, con le nostre gambe è avanzata la globalizzazione; noi abbiamo nutrito il corpaccione ipertrofico e micidiale del capitalismo globale, che ora ci divora.

Il capitalismo ha i giorni contati, comunque vada: nei suoi conti l'oste non c'è mai. La loro QRI, se riusciranno ad attuarla, sarà solo una dilazione, una breve pausa nell'implosione di un'economia che ha in sé la causa della propria morte, esattamente come una malattia autoimmune. Perché si fonda sulla massima quantità possibile e sulla crescita illimitata dei consumi e, nello stesso tempo sullo sfruttamente massimo possibile dei lavoratori. Ora, questa sua "accelerazione", mentre vuole raggiungere tra gli altri lo scopo di fagocitare tutto il mercato, sta creando altra povertà e minori consumi. Così come maggiore povertà e minori consumi produrrà la prevista espulsione di decine di milioni di lavoratori da un'industria, un commercio e dei servizi totalmente automatizzati dalla cibernetica.

Ma anche la vita sul pianeta così come la conosciamo ha i giorni contati. Il riscaldamento dell'atmosfera sta mettendo a repentaglio la sopravvivenza di milioni di specie vegetali e animali, compresa la nostra. **Le foreste vengono distrutte** al ritmo frenetico di **26 milioni di ettari l'anno**. **Le zone morte negli oceani** si moltiplicano e si estendono; nel 2018 erano calcolate in **4,5 milioni di chilometri quadrati.**

Anche la distruzione del pianeta accelera.

La dilazione, la boccata d'ossigeno ottenuta dal capitalismo globale, rischia di essere il colpo mortale definitivo per il pianeta: la prevista e progettata QRI verrebbe attuata attraverso un incremento pauroso di inquinamento e dissipazione. Miliardi di aggeggi elettronico-digitali verrebbero prodotti in poco tempo per rimpiazzare quelli precedenti e incrementarne l'utilizzo a livelli inimmaginabili; tutte le merci sarebbero prodotte solo per conto delle multinazionali e nelle zone del pianeta dove per esse fosse più conveniente, per venire poi trasportate in tutto il resto del mondo; i vincoli ambientali verrebbero eliminati, spazzati via tutti i limiti all'ingegneria genetica e conseguenti OGM.

Dunque, non c'è più scelta: o il capitalismo o la vita. Rimbocchiamoci le maniche, non solo come chi deve lavare i panni o impastare il pane ma anche come chi deve fare a pugni, perché, se questo pianeta, questa vita che è la nostra vita, vogliamo salvarla, dobbiamo combattere e cominciare da subito. Riunirci faccia a faccia, discutere e fare analisi, allearci e manifestare, mobilitarci e protestare.

Ma anche comportarci coerentemente e non dare più alimento a un sistema folle e nocivo. Disintossicarci da *smartfon* e fare voto di non acquistarne più, una volta morti quelli in nostro possesso; al massimo un cellulare di quelli senza applicazioni e Internet, se non abbiamo il telefono fisso. Non acquistare computer nuovi ma solo usati, toglierci da *feisbuc* se come minimo non abbiamo un'attività sociale o economica da pubblicizzare; toglierci senza esitare da *uozzap* e imparare di nuovo a parlarci faccia a faccia, o almeno al telefono, e a scrivere una lettera o una cartolina agli amici, prima che eliminino completamente la posta: bisogna fare un passo indietro, se non vogliamo che ci trascinino avanti verso il precipizio di una dittatura digitale irrimediabile. Non acquistare merci via Internet, è anche per questo che le librerie chiudono, che chiudono le botteghe di paese, che quelli del FEM progettano di rifornirci coi droni. Boicottare tutte le multinazionali e i loro prodotti. Non usare per gli acquisti carte di credito: se non lo aveste mai fatto, non potrebbero neanche sognarsi di eliminare il denaro vero. Salvare i nostri bambini, togliendo loro dalle mani qualsiasi aggeggio elettronico e insegnando loro, mentre lo reimpariamo anche noi, a giocare con i legni, le foglie, le erbe, l'acqua, la terra, i pezzi di stoffa, a scrivere e disegnare con le matite e non coi pennarelli tossici e inquinanti. Chiamiamo a casa nostra gli amici e leggiamo con loro un libro che ci faccia capire il mondo in cui viviamo; vediamo con loro un film o un documentario che ci diano informazioni contrarie a quelle del "sistema". Incalziamo le autorità di tutti i tipi alla nostra portata perché contrastino 5G e pesticidi, traffico privato e sprechi, produzione di rifiuti, inquinamento delle acque, distruzione degli habitat. Boicottiamo iper- e supermercati, cibo industriale e centri commerciali. Mangiamo vegetariano e biologico, produciamo cibo, acquistiamolo direttamente dagli agricoltori o almeno da negozi bio. Curiamoci con la medicina naturale, cerchiamo medici che la pratichino, sosteniamo i medici che lottano contro Big Pharma. Organizziamo gruppi o partecipiamo a gruppi di resistenza anticapitalista e ambientalista.

Ci vuole grinta, è faticoso, è difficile? Siamo atrofizzati mentalmente e psicologicamente? Certo la pandemia ha atrofizzato la nostra capacità di reagire, ma la Quarta rivoluzione industriale è una guerra: una guerra contro l'umano e contro il pianeta. Non abbiamo scelta: dobbiamo impegnarci e combattere.

Sapendo di avere, questa volta, un vantaggio: gli interessi minacciati ora sono quelli della stragrande maggioranza dei nostri simili, e quindi possiamo creare ampie alleanze, una resistenza e un contrattacco irresistibili. Chi baratterebbe la propria indipendenza economica e la propria libertà con uno *smartfon*? Nessuno. Basta capirlo, che dobbiamo farla noi la rivoluzione, per la vita e contro il capitalismo globale.

I servi dei globalisti non hanno detto "siamo in guerra"? Diamo loro del filo da torcere.

LA RIVOLUZIONE, QUELLA VERA

La Quarta rivoluzione industriale, come l'hanno chiamata i suoi perpetratori e progettisti, non ha niente di rivoluzionario. È soltanto il logico sviluppo di una società basata sulla rapina, il dominio e la competizione.

Il dominio tende a svilupparsi in concentrazioni sempre più grandi di poteri, lo ha sempre fatto anche in passato: ogni regno tendeva a diventare impero, ogni impero a crescere colonizzando sempre più territori.

Oggi le cosiddette istituzioni internazionali, dall'UE all'ONU con tutti i loro tentacoli, Banca mondiale, Fondo monetario internazionale, Organizzazione mondiale del commercio, Organizzazione mondiale della sanità, Banca europea, e tanti eccetera, sono veri e propri uffici di rappresentanza del capitalismo globale; possono influenzare, ricattare, minacciare gli Stati nazionali; hanno il potere di regolamentare e legiferare, senza rendere conto ai popoli e ai loro governi e istituzioni. L'Organizzazione delle nazioni unite, che alla sua nascita dichiarava di voler essere uno strumento di discussione e composizione delle divergenze tra gli Stati, è diventata uno strumento di dominio globale nelle mani del capitale. Non ha evitato nessuna guerra e in alcuni casi le ha avallate e, dopo il crollo del blocco dei Paesi socialisti, che ha eliminato l'ultimo argine alla globalizzazione capitalista, non c'è più stata alcuna mediazione tra gli interessi delle grandi multinazionali e quelli del resto del mondo.

Quello che il Forum economico mondiale, lo stato maggiore dell'esercito del capitale globale (usiamo pure i termini militari, che mi sembrano quanto mai appropriati in questa guerra fatta, non a un virus, ma ai popoli e alla terra) vuole ottenere con la pandemia propedeutica alla loro Quarta rivoluzione industriale è completare l'accentramento di poteri, eliminare qualsiasi mediazione politica e, con essa, l'indipendenza degli Stati nazionali, la possibilità dei popoli di influire sulla politica. Vuole imporre una dittatura globale, non c'è altro nome per definirla, in cui l'unico compito che rimane ai politici-fantocci, che fingono di rappresentare uno Stato che non c'è più, è la repressione e la punizione dei comportamenti "devianti": di chiunque si ribelli alla dittatura.

I governi nazionali diventano i funzionari decentrati dell'Impero globale, incaricati di imporre la dittatura e le sue leggi; i beni pubblici vengono privatizzati, i servizi pubblici smantellati, l'industria nazionale distrutta, le persone sottoposte a un controllo totale per mezzo della tecnica cibernetica, detta "intelligenza artificiale".

La quale tecnica cibernetica realizzerà il grande sogno del capitale: non dover più dipendere dal lavoro. Le macchine sostituiranno i lavoratori di ogni categoria, o quasi. I rimanenti lavoratori saranno schiavi, senza diritti e con salari da miseria, come già lo sono nei Paesi del terzo mondo, o "emergenti", e poi ci saranno i pochi apparenti privilegiati ammessi alla sala da pranzo degli imperatori che butteranno loro le ossa sotto il tavolo. I cani dell'Impero, in affannosa competizione per quelle ossa, pronti a scodinzolare a ogni gesto del padrone, come li possiamo vedere oggi, per esempio, tra i cosiddetti "medici" e "ricercatori" di ogni tipo al servizio delle multinazionali, tra i politici-fantocci al medesimo servizio.

Chiedo scusa ai cani, creature nobili, altruiste e dalla spiccata personalità individuale.

Ma i sogni non sempre si avverano.

«Molti nemici, molto onore» disse qualcuno che aveva fatta sua questa frase e che essendo infine riuscito a farsi tanti nemici, finì appeso a testa in giù. Qualcun altro, più esperto nell'arte del dominio, disse invece «*divide et impera*». È quello che il capitale nella fase della globalizzazione è riuscito a fare finora. Ha diviso i lavoratori in privilegiati e schiavizzati, ha diviso i popoli in individui in competizione tra loro; ha diffuso il miraggio della ricchezza trasformandoci in atleti della scalata sociale e del consumismo; ha corrotto partiti, sindacati e movimenti con lusinghe e denaro, creando divisione e atomizzazione nell'ambientalismo e nelle lotte sociali. Ma, infine, è riuscito a farsi tanti nemici: essendo nemico di tutti.

Bisogna che i tanti se ne accorgano, e ora cominciano a farlo.

La dittatura pandemica sta rovinando le borghesie nazionali, il ceto medio, i lavoratori dipendenti delle industrie nazionali e delle piccole attività industriali e commerciali, i piccoli agricoltori, i lavoratori dei servizi e buona parte dei dipendenti pubblici. C'è solo la menzogna e la paura del virus che fa ancora da schermo alla realtà, ma non per tutti e sempre meno.

Non si può vivere nella paura costante, nemmeno se la grancassa mediatica continua a suonare il suo monotono ritornello. Ci si abitua alla grancassa, al virus minaccioso di cui non si constata la minaccia. Non ci si abitua alla rovina economica, alla mascherina asfissiante, all'isolamento umano che fa più paura della morte. E infatti molte persone si sono suicidate durante la "pandemia", sopraffatte dalla disperata, inumana e innaturale solitudine.

Pian piano la vista si schiarisce e si vede che siamo tutti minacciati. Non da un virus ma da una dittatura globale, da un progetto disumanizzante e autocratico chiamato dai capitalisti globali Quarta rivoluzione industriale, e che prevede l'annichilimento di ogni qualità e comunità umana, il dominio assoluto sulla materia e sugli esseri viventi da parte di un manipolo di multinazionali e loro padroni. O, se vogliamo, di un esercito di multinazionali e loro servi.

Ma gli interessi e gli interessati dall'altra parte della barricata sono innumerevoli. Come le stelle in cielo.

Ci siamo noi, i popoli. Classi sociali diverse, nazioni diverse, ideologie diverse e diverse culture: siamo tutti minacciati dalla loro Quarta degradazione industriale. È minacciato il pianeta e la sopravvivenza su di esso e, di fronte a questa minaccia, dobbiamo fare fronte comune.

Ci sono stati, a mio parere, due momenti nella storia recente in cui i banditi del FEM si sono sentiti minacciati.

Il primo è stato alla fine del secolo scorso e all'inizio di questo, quando si è sviluppato il movimento dei forum sociali mondiali: un movimento contro la globalizzazione capitalista, i trattati commerciali internazionali di libero scambio, che abolivano tasse e dazi sulle importazioni e spalancavano le porte al saccheggio di terre e risorse dei Paesi non industrializzati. Per un breve periodo, il tempo di trasformarsi da anticapitalista in riformista, da rivoluzionario in "aggiustatore", il Forum sociale mondiale, che vedeva tutti insieme contadini del terzo mondo e del primo, amici delle tartarughe e parte dei governi africani, ambientalisti e marxisti, fece paura alle multinazionali e ai loro organismi sovranazionali come l'Organizzazione mondiale del commercio. Poi, il *divide et impera* funzionò come al solito. La quinta colonna agì tranquillamente in un movimento così eterogeneo e i forum sociali si spensero in forum rituali. Il capitale globale non era più da distruggere ma da tassare, la globalizzazione non era poi così male, ma doveva essere un po' diversa, ci volevano gli aiuti allo sviluppo dei Paesi poveri mentre bisognava smettere di aiutare gli agricoltori dei Paesi ricchi. Le parole del capitale globale uscivano dalle bocche dei forum sociali e così *«col massimo della confusione e il minimo delle perdite»* il capitalismo vinse anche quella battaglia. O, se volete un'espressione più "locale", tutto finì a tarallucci e vino.

Il secondo movimento che per qualche attimo fugace ha rallentato la digestione della banda del FEM, provocandole anche qualche lacrima di coccodrillo (ma lunga vita ai coccodrilli veri), è stato quello contro il cambiamento climatico. Non certo per le capacità strategiche e la consapevolezza di una generazione cresciuta a Nutella e fiocchi Kellogg's, allevata dalle multinazionali del capitalismo globale, nutrita dei suoi prodotti e della sua cultura, armata di *smartfon* come appendice mentale e fisica. Ma con un movimento così ampio, che stava saldandosi con tutte le battaglie ambientaliste, fatto principalmente di ragazzini e guidato da una ragazzina consapevole e coerente, c'era il rischio che la consapevolezza crescesse. Quella consapevolezza della propria responsabilità e delle conseguenze delle proprie azioni e scelte che ha fatto parte delle prerogative della specie umana per tutta la sua storia, e che l'umanità ha perso con l'industrializzazione e le sue grandi città. Tale consapevolezza stava crescendo, spingendo milioni di persone nei Paesi del consumismo a consumare meno e diversamente da come vorrebbe il capitale globale. Che non può tollerarlo, e tanto meno sull'orlo di una globale e catastrofica crisi economica.

Il FEM ha farcito i suoi discorsi e i suoi progetti con la parola "sostenibile", ce la schiaffa dentro a manciate, dove capita capita: l'agricoltura sostenibile è quella dei pesticidi e dei biocarburanti; il commercio sostenibile è quello dei droni e delle navi portacontainer, l'energia sostenibile è quella dei diecimila ettari di pannelli solari e delle pale eoliche alte cento metri e più e con ettari di cemento alla base, che solo per realizzarle si consuma tanta energia a base di petrolio che, se si dovesse sostituire il petrolio con le pale eoliche e i pannelli solari, lo finiremmo e finiremmo il pianeta prima di esserci riusciti.

Ma tutte queste mani di vernice verde sulla sporca e orrenda faccia del capitale globale non riuscivano a nascondere i veri scopi, le vere azioni, la realtà.

Ci è riuscita la "pandemia", con i suoi mediaservi, i suoi politici fantocci e corrotti, i suoi "esperti" al soldo delle multinazionali.

Però, "sbagliando s'impara", diceva mia mamma.

Possiamo imparare da questi due tentativi falliti di cambiare economia e società. Oggi c'è la possibilità di creare un fronte quanto mai ampio contro il capitale globale, perché i suoi progetti mettono in pericolo nell'immediato gli interessi di molte categorie sociali, per non dire di tutte, tranne la ristretta élite globalista e il suo servitorame.

Sono minacciati i dipendenti pubblici e privati, che si progetta e prospetta di sostituire con macchine cibernetico-digitali nel giro di pochi anni; è minacciato il ceto medio dei commercianti ed esercenti, che devono venire rovinati e le loro attività sostituite da catene di commercio e servizi di proprietà delle multinazionali; le stesse cose valgono per i cosiddetti "liberi professionisti" di ogni genere: saranno sostituiti dall'intelligenza artificiale, nei progetti del FEM, progetti che comprendono persino la sostituzione dei medici di base e dei farmacisti con programmi-protocolli digitali e droni per la consegna dei farmaci; i piccoli e medi agricoltori devono sparire per lasciare ovunque il posto a un'agricoltura intensiva su grandi superfici, supermeccanizzata e digitalizzata; infine, sono minacciati i capitalisti dell'industria nazionale: anch'essi saranno rovinati e/o inglobati nell'industria multinazionale.

Tutti noi siamo concorrenti da eliminare o zavorra di cui sbarazzarsi, perciò siamo davvero la maggioranza e una maggioranza schiacciante.

Qualsiasi dittatura, oligarchia, sistema totalitario, impero, per quanto usi la repressione e la corruzione, non può reggersi senza il consenso di una parte consistente della popolazione, a cui deve garantire sicurezza economica e/o privilegi: in qualche modo un miglioramento delle proprie condizioni, una partecipazione soddisfacente al sistema. Quando non è più in grado di farlo, quando la fascia di popolazione garantita dal sistema si assottiglia fino a diventare una ristretta e circoscritta élite, mentre quella dei diseredati ed emarginati si amplia fino a diventare un'imponente maggioranza, il sistema inevitabilmente si sgretola.

Come un edificio instabile alla prima leggera scossa sismica o anche solo alla prima pioggia violenta e continuata. Le lotte popolari possono essere quella pioggia.

Dobbiamo discutere, analizzare, organizzarci. Non sembra facile: egocentrici, litigiosi, intolleranti con i propri uguali; inetti, passivi, rassegnati nei confronti del potere; così siamo ridotti in una società senza più comunità, memoria storica, tradizione, agire collettivo. Eppure... Eppur si muove. Siamo quasi tutti ancora capaci di altruismo, generosità, indignazione e, se il gioco vale la candela e non ci ritroviamo da soli, di tenacia e impegno.

La Quarta degradazione industriale prevede di mandare a spasso ottocento milioni di lavoratori nei Paesi industrializzati. Cosa questo significhi, non solo dal punto di vista economico, ma sociale, morale, culturale, lo possiamo immaginare tutti.

È il momento di creare un fronte di liberazione dal capitalismo globale. Di progettare una società che abbia alla sua base le necessità e i valori umani fondamentali.

Abbiamo bisogno, sì, di una rivoluzione: di cambiare il nostro modo di produrre, commerciare, consumare, imparare; di cambiare la nostra cultura, disintossicandola dalle scorie del consumismo e della competizione.

Una rivoluzione eco-socialista, di un socialismo nuovo, non quello industrialista ormai sconfitto nella sua competizione con il capitalismo. Una rivoluzione che unisca la giustizia sociale a quella ambientale; che inizi un percorso verso l'uguaglianza tra individui e tra popoli; che pratichi e predichi la solidarietà concreta, nelle lotte sociali che ci aspettano e nella vita quotidiana; che progetti e attui da subito il ripristino della salute di suoli, acque, atmosfera.

Una globalizzazione, è vero, ci vuole, ma non quella dell'annullamento di dazi e tasse sulle esportazioni ma quella che invece punta a eliminare queste ultime: una rivoluzione globale, una globale resistenza alla cosiddetta Quarta rivoluzione industriale, che proponga e inizi concretamente a realizzare una società opposta a quella attuale. Decentramento contro accentramento.

La globalizzazione capitalista è un impero in cui istituzioni internazionali, dirette da funzionari del capitale, senza alcun controllo popolare possibile, decidono i progetti economici e politici a livello degli Stati, dei continenti, del mondo intero. La loro agenda è scritta dai potentati economici mondiali: multinazionali-finanziarie globali.

Privatizzazione dei beni pubblici, eliminazione di tutte le leggi e i regolamenti che limitano il commercio e la produzione, i quali devono essere svincolati da qualsiasi necessità che non sia quella del profitto. Questi sono stati e sono gli obiettivi che la pandemia deve realizzare, assieme a un controllo sociale dittatoriale.

L'obiettivo di una rivoluzione anticapitalista e ambientalista deve essere quello di portare sotto il controllo e la proprietà dei cittadini tutti i beni essenziali: i trasporti, la sanità, la scuola, l'acqua, le fonti energetiche e, per quel che riguarda i mezzi di produzione, come la terra e le industrie, la collettività e le comunità devono stabilire le regole e i limiti di un'industria e un'agricoltura che, per prima cosa, non devono nuocere; esse devono essere in qualche modo del pari beni comuni, cioè rivolte e finalizzate al bene comune.

Basta pesticidi e allevamenti intensivi; basta agricoltura industrializzata che consuma più di quanto produce; basta fabbriche che producono sostanze tossiche per merci inutili. Dobbiamo pensare e agire collettivamente e coordinatamente, partendo dalle comunità unite dal vivere e lavorare sullo stesso territorio; radicarci dopo essere stati sradicati, unirci dopo essere stati divisi; dobbiamo programmare la produzione di merci secondo i bisogni reali e non secondo l'avidità di speculatori che ci inducono a consumare compulsivamente, uccidendo noi e il pianeta.

"Primo, non nuocere" dovrebbe essere il motto di tutte le attività umane, e non solo della medicina. Attività che oggi, invece, producono dissipazione, rovina, malattia e morte.

Nessun tipo di industria, nessun tipo di coltivazione, nessun consumo che danneggi la vita deve essere avvalorato: questa è la rivoluzione che dobbiamo perseguire, se vogliamo salvare il nostro pianeta e la nostra umanità.

Dobbiamo porre limiti precisi alla concentrazione di ricchezze, e questo è strettamente legato al modo di produrre: la piccola proprietà contadina, la piccola impresa artigianale non sono e non diventeranno mai potentati economici.

I lavoratori delle imprese più grandi devono partecipare direttamente a tutte le decisioni e i programmi dell'azienda, oltre che alla suddivisione dei proventi, e nelle decisioni su cosa e come produrre deve essere coinvolta la popolazione.

La medicina deve essere svincolata da qualsiasi profitto economico, e a ogni essere umano deve essere lasciata la libertà di scegliere se e come curarsi. Questo vuol dire che non devono più esistere industrie private dei medicinali e dei prodotti sanitari: tutta la sanità, la medicina e i suoi prodotti devono essere pubblici e solo pubblici. Niente più Big Pharma, niente più multinazionali dei farmaci che brigano, corrompono, ricattano, competono, imbrogliano per ottenere enormi profitti da pratiche sanitarie omicide e stragiste. Niente più medici milionari, prodotti farmaceutici brevettati e quotati in borsa. Gli Stati e le collettività che rappresentano devono essere proprietari di tutto ciò che riguarda sanità e medicina e, in primo luogo, devono sostenere, sovvenzionare e divulgare la vera medicina preventiva. Quella che insegna a mantenere la propria salute attraverso stili di vita e consumi che non ci danneggiano; quella che deve essere ascoltata quando mette in guardia sui danni per la salute umana e l'ambiente da parte di prodotti e modi di produrre nocivi e pericolosi.

In secondo luogo, deve essere insegnata e sostenuta anche la medicina naturale; quella che utilizza per la cura della malattia prodotti ottenuti dalla natura e non da sintesi chimica o biochimica; prodotti sperimentati da secoli quando non da migliaia di anni, come le erbe e le piante, i cui effetti avversi sono nella maggior parte dei casi inesistenti e quelli benefici e curativi in molti casi superiori a qualsiasi medicina chimica o biosintetica.

Le persone devono poter capire, partecipare e decidere delle cure loro prescritte. La medicina, più di qualsiasi altra scienza, deve essere democratica e democraticamente divulgata dai medici stessi ai loro pazienti; pazienti che i medici devono imparare ad ascoltare con attenzione, perché la cura medica dovrebbe essere uno stretto rapporto di collaborazione e comprensione tra medico e paziente, non di soggezione e prevaricazione come spesso è oggi.

Niente più rappresentanti delle ditte farmaceutiche, niente più divulgatori televisivi prezzolati, niente più pagine della medicina sui giornali: tutti al servizio di Big Pharma e dei suoi interessi economici.

Dobbiamo rivoluzionare la scuola e l'istruzione, oggi finalizzate ad allevare competitivi servi del potere economico, a soffocare i migliori istinti e le doti innate dei bambini. Dobbiamo insegnare ai nostri bambini ciò che nella vita è essenziale e ciò che è importante, perciò la nuova scuola deve basarsi sulla collaborazione: invece di spingere i bambini a essere i primi della classe, dividendoli fin dall'infanzia in vincenti e perdenti, deve permettere loro e aiutarli a essere un gruppo che assieme sperimenta e impara, in cui non ci sono gerarchie e graduatorie. Ogni bambino ha delle abilità e dei talenti che vanno sviluppati ed esaltati. Una scuola in cui gli insegnanti devono avere, non tanto una laurea, quanto una cultura vasta e ricca, un'attitudine a imparare continuamente essi stessi per trasmettere le proprie conoscenze, la capacità di collaborare e ascoltare e una buona dose di comprensione e affetto. Una scuola che volesse formare degli umani consapevoli e capaci dovrebbe insegnare ai bambini la biologia del proprio corpo, quella dell'ambiente in cui vivono, e non solo nelle sue componenti naturali ma anche in quelle artificiali e nei segni del degrado; dovrebbe insegnare loro a riconoscere le piante e gli animali del proprio territorio, a conoscere le acque, i campi, le foreste. Dovrebbe insegnare le tecniche essenziali per la vita umana, che non sono quelle digitali ma quelle che ci permettono di vivere decentemente e ci rendono capaci e indipendenti: coltivare, cucinare, cucire, riparare. Dovrebbe fare dell'insegnamento e dell'apprezzamento delle arti uno dei suoi punti di forza, perché letteratura e poesia, musica e pittura e scultura sono l'indispensabile parte spirituale della nostra vita. Una scuola non chiusa in un edificio simile a una caserma ma che si muova e agisca nel territorio circostante e con tutta la comunità circostante, ricevendone stimoli ed esperienze; in cui la storia delle proprie e altrui radici metta in grado i bambini di capire più facilmente la storia lontana, di capire che anch'essa è parte di noi, ci ha plasmato e condizionato. Dobbiamo riuscire ad allevare bambini diversi per una società diversa. Se ci riusciremo, cambieremo anche noi adulti e saranno i nostri bambini a educarci.

La parola "progresso", che indica la divinità più adorata assieme allo "sviluppo", della nostra epoca di dissipazione e distruzione fisica e spirituale della vita e delle sue stesse basi, è una parola del tutto insignificante. Non è in sé né positiva né negativa.

Progredire vuol dire semplicemente andare avanti verso una meta. Se abbiamo sbagliato strada, se non abbiamo più una meta, ogni passo avanti ci porterà più vicino al disastro. La società guerrafondaia del dominio, dello sfruttamento e della competizione in cui viviamo ha come unico scopo aumentare all'infinito dominio, sfruttamento, competizione: a qualsiasi costo e senza alcun limite. Stiamo andando avanti, cioè progredendo, verso la distruzione completa delle stesse fonti della vita: aria, acqua e terra di questo pianeta vengono danneggiate, soffocate, avvelenate sempre più ogni giorno, ogni minuto. Di pari passo stiamo annullando le nostre facoltà, abilità, intelligenze: siamo alienati dalla realtà vivente, dall'ambiente naturale, immersi in un'avida e frenetica competizione sociale, privati di intuizione e immaginazione, di capacità fisiche e mentali, di equilibrio.

Quello "sviluppo" che ci viene religiosamente e ossessivamente proposto ogni giorno come il primo obiettivo della società umana non è altro, in soldoni, che l'annullamento di ogni controllo e ogni limite alle forze e alle regole del mercato e del profitto. È come lo sviluppo di un incendio incontrollato che sta devastando la vita di tutti; di un cancro che sta consumando il pianeta e la società umana.

Una rivoluzione di giustizia sociale e di ripristino dell'ambiente, deve scegliere uno sviluppo radicalmente diverso e opposto; uno sviluppo che avviluppi e faccia regredire da subito i "mercati" e i potentati economici. Fino a farli scomparire.

Abbiamo bisogno, invece, di sviluppare ciò che in questi decenni è stato atrofizzato: la consapevolezza e la responsabilità, la collaborazione, la cultura, la spiritualità, l'immaginazione, l'empatia, la comprensione.

La consapevolezza serve a farci capire le cause e le conseguenze delle nostre scelte; cause e conseguenze che nella società industriale sono diventate invisibili, lontane, quasi astratte, ma che condizionano pesantemente le nostre e le altrui vite. La responsabilità è il sentimento che ci lega a tutti gli altri esseri viventi, umani e non. La collaborazione è il metodo di vita e di rapporti che ci ha permesso di sopravvivere finora e di realizzare tutte le cose che davvero importano nelle nostre vite. La cultura è la trasmissione di conoscenze che ci permettono di capire la vita nel suo complesso, lo svolgersi della storia umana, le cause dei fenomeni naturali e di quelli sociali, i motivi dei comportamenti naturali e di quelli sociali, e tutte le espressioni artistiche in cui si esprime lo spirito dell'individuo e quello della società in un dato periodo storico. La spiritualità è ciò che ci permette di percepire i legami con tutte le creature viventi, con gli elementi, il cosmo, le vite passate e quelle future; essa è costituita anche dai riti individuali e collettivi per ribadire e rafforzare tali legami. L'immaginazione è quella dote indispensabile alla sopravvivenza, che ci permette di prevedere le conseguenze delle nostre e altrui azioni, di un fenomeno o di un comportamento; è anche quella che ci permette di sfuggire al dolore, di sognare realtà più piacevoli, di intuire anche ciò che non si può prevedere con certezza. L'empatia è insieme immaginazione, spiritualità, collaborazione: è il sentimento che ci affratella, che ci fa temere ciò che potrebbe danneggiare altri, ci fa soffrire dei loro dolori, indignarci per le ingiustizie da altri subite. È *«l'amor che move il sole e l'altre stelle»*, è ciò che ci rende umani. La comprensione è la dote che racchiude in sé tutte quelle citate e le travalica: è l'intelligenza ampia che ha permesso agli umani di vivere sulla terra per centinaia di migliaia di anni senza distruggere nulla; di capire e sentire i legami con tutti gli altri esseri viventi e con l'ambiente e gli elementi; è quell'intelligenza che non ha bisogno di torturare gli altri animali per capire se un composto chimico artificiale può danneggiarci; che conosce intimamente i legami profondi e inscindibili tra tutte le creature e tra di esse e l'ambiente in cui vivono; che osserva e sente e capisce fenomeni naturali e fenomeni sociali, emozioni, sentimenti, comportamenti.

È quell'intelligenza che non ha bisogno di numeri, codici, strumenti esterni di verifica ma ha bisogno di un apprendimento costante e umile; di osservazione, riflessione, meditazione.

Tutte queste capacità, delle quali la nostra vita non può fare a meno, noi le abbiamo perse o le stiamo perdendo. Stiamo perdendo le qualità umane e la relazione con la vita, e coloro tra noi che le hanno perse irrimediabilmente sono proprio quelli che detengono il potere economico e politico.

Per cambiare "sviluppo" e attuare la rivoluzione necessaria, dobbiamo sapere che il capitalismo non è riformabile. Va disintegrato.

Il capitalismo globale è la massima e ultima espressione di una società di dominio, conflitto, sfruttamento e competizione estrema a tutti i livelli, che si è "evoluta" in millenni di storia e che ci ha portato infine sull'orlo della catastrofe globale.

Il capitalismo degli ultimi decenni, massima espressione di tale società ed "evoluzione", è un capitalismo unicamente predatorio. Il capitalista moderno non ha una vocazione, a parte quella di fare denaro e aumentare il proprio potere. Non è un'industriale, un produttore di merci, legato a un certo tipo di materiali, strumenti, conoscenze, tecniche e mercati; è un nomade che esplora territori per trovare dove è più redditizio investire, un avventuriero speculatore che crea mercati dal nulla, servendosi di mode o bisogni indotti ma anche creando il bisogno attraverso la distruzione delle economie locali. Gli investimenti si spostano da un settore all'altro, da una zona del mondo a un'altra, di mese in mese, di giorno in giorno; i farmaci sono quotati in Borsa, sono un ottimo mercato a patto che non ci siano più persone sane o reputate tali; terre e campi, acque e foreste, sottosuoli e oceani, paesaggi, coste, esseri umani, sentimenti sono merci, si tratta solo di capire come venderli, come "creare un mercato".

Si tratta ormai di un sistema piratesco e criminale che non tollera restrizioni o limitazioni, privo di qualsiasi etica o regola.

Deve essere disintegrato, e chiunque predichi che ci può essere un capitalismo buono o rabbonito, che sia in buona o mala fede, è di fatto strumento e complice del dominio capitalistico globale e dei suoi crimini.

Bisogna però ammettere che l'abbiamo nutrito tutti noi, con i nostri comportamenti attivi nell'adeguarci ai suoi consumi, alla sua cultura; con la nostra passività che non ha reagito alle sue ingiustizie, ai suoi crimini, alle sue guerre. Siamo noi che possiamo distruggerlo, con i nostri comportamenti quotidiani e con le nostre lotte collettive.

Possiamo organizzarci, da subito. Discutere, analizzare, studiare ed elaborare una strategia di opposizione al capitalismo globale; lottare uniti contro i suoi progetti; progettare insieme la costruzione di una società eco-socialista, fondata sulla rete delle comunità e dei popoli, sulla partecipazione dei cittadini. Fondata sulla collaborazione e la solidarietà; su un internazionalismo rispettoso delle diverse culture, storie e tradizioni; su un radicamento nei territori che permetta di attuare le soluzioni economiche e produttive migliori in ogni contesto.

Abbiamo le capacità tecniche e scientifiche per rimediare a una parte dei guasti che abbiamo fatto alla natura, alla vita, al pianeta; è in tale economia, nel ripristino della vita dove essa è stata distrutta o degradata, che dobbiamo investire gran parte delle nostre risorse. Non per un profitto composto di denaro e dominio ma per un rivoluzionario profitto di salute, benessere, prosperità comune e resilienza. In sintesi, di felicità.

INDICE

SCHEDA BIBLIOGRAFICA

Savioli, Sonia

Il giallo del coronavirus: una pandemia nella società del controllo / Sonia Savioli. Cesena (FC): Macro, Arianna Editrice 2020. 224 pp.; 15x21 cm (un'Altra Storia)

ISBN 9788865880401